Der Interior Design Kurs

Tomris Tangaz

Der Interior Design Kurs

Grundlagen, Praktiken und Techniken der Innenarchitektur

stiebner

© 2006 by Quarto Publishing plc
Die englische Ausgabe dieses Buches erschien
2006 unter dem Titel: „Interior Design Course"
bei
Thames & Hudson Ltd,
181A High Holborn,
London WC1V 7QX, UK
www.thamesandhudson.com

Zweite Auflage © 2019
by Quarto Publishing plc

Aus dem Englischen von der MCS Schabert
GmbH, München , – www.mcs-schabert.de –
unter Mitarbeit von Daniela Blum, Jürgen Brust
und Claudia Hofmiller (Übersetzung).

Bibliografische Information der Deutschen
Nationalbibliothek
Die Deutsche Nationalbibliothek verzeichnet
diese Publikation in der Deutschen National-
bibliografie; detaillierte bibliografische Daten
sind im Internet über http://dnb.dnb.de abrufbar.

Printed and bound in China

www.stiebner.com

ISBN-13: 978-3-8307-1451-4

Wir produzieren unsere Bücher mit großer
Sorgfalt und Genauigkeit. Trotzdem lässt es sich
nicht ausschließen, dass uns in Einzelfällen
Fehler passieren. Unter www.stiebner.com/
errata/1451-4.html finden Sie eventuelle Hinweise und Korrekturen zu diesem Titel. Möglicherweise sind die Korrekturen in Ihrer Ausgabe
bereits ausgeführt, da wir vor jeder neuen Auflage bekannte Fehler korrigieren. Sollten Sie in
diesem Buch einen Fehler finden, so bitten wir
um einen Hinweis an verlag@stiebner.com. Für
solche Hinweise sind wir sehr dankbar, denn sie
helfen uns, unsere Bücher zu verbessern.

INHALT

EINLEITUNG

Innenarchitektur umfasst eine Reihe eng miteinander verwobener Designdisziplinen zwischen Produktdesign und Architektur. Unsere Interaktionen mit Innenräumen definieren sich über Möbel und Räume. Sind Architekten die Experten für Gebäude, so lassen sich Innenarchitekten am besten als Experten für die Benutzer beschreiben, welche die Schnittstelle zwischen den Menschen und ihrer Umgebung entwerfen. Seit der ersten Ausgabe dieses Buches gab es im Bereich der Innenarchitektur Fortschritte bei der digitalen Technologie, bei der Software und bei digitalen Werkzeugen. Neue Interieurs zeichnen sich durch neue Materialien, maßgeschneiderte Lösungen und eine Vielzahl an Designkomponenten aus. Diese überarbeitete Auflage *Der Interior Design Kurs* enthält ein neues Kapitel über Möbel, detaillierte, abwechslungsreiche Fallbeispiele über den Einsatz verschiedener Materialien und Anleitungen über die Verwendung von Gebäudekomponenten in unterschiedlichen Kontexten.

Innenarchitektur ist soziale Interaktion – sie führt Menschen zusammen, über sie können wir unsere Ideen wirkungsvoll kommunizieren und unsere Interessen kreativ miteinander teilen. Designer beeinflussen mit ihrer Arbeit in großem Maße die Lebensqualität des Einzelnen, indem sie Qualität Realität werden lassen. Allein die Lektüre dieses Buches könnte für Sie bereits einen Unterschied machen.

Dieses Buch wendet sich an alle, die sich für Innenarchitektur interessieren und ihre Kenntnisse erweitern oder den Grundstein für ihre Karriere legen und ein Portfolio entwickeln wollen. Der spezielle Aufbau deckt alle Aspekte der Raumgestaltung ab: Einzelne Projekte führen Sie in diesem Intensivkurs in die praktischen Grundlagen der Innenarchitektur ein. Zu Beginn Ihrer Studien sind Inspiration und Vorstellungsvermögen die Schlüsselkomponenten. Leicht verständlich und praxisnah fördert dieser Kurs Ihre individuelle Kreativität und zeigt Ihnen den Weg zur Entdeckung und Entwicklung Ihrer eigenen Gestaltungsideen.

Professionelle Designer vermitteln Ihnen in *Der Interior Design Kurs* praktische Fertigkeiten und gewähren Einblick in ihre Arbeit. Die Kapitel entsprechen den Lehreinheiten eines Collegekurses

und ermöglichen so eine gründliche methodische Annäherung an dieses Fach. Fundierter Rat begleitet Sie in Form von Studentenprojekten, die als Leitfaden zum Selbststudium dienen, während professionelle zeitgenössische Fallbeispiele einen Eindruck von Art und Umfang jedes Spezialgebiets vermitteln, mit dem Ihre praktischen Kenntnisse weiter vertieft werden.

Zahlreiche Projekte erleichtern den Einstieg in die einzelnen Themen und tragen zur Entfaltung Ihrer gestalterischen, künstlerischen und technischen Fähigkeiten bei. Der Einsatz von Medien, Material und Werkzeug sowie technische und kreative Prozesse schärfen Ihr Bewusstsein für Design und gestalterische Aspekte.

Dieses Buch ist für mich die Essenz vieler wertvoller Erfahrungen, für die ich sehr dankbar bin und die ich zunächst als Studentin, dann als Innenarchitektin und schließlich als Dozentin, Autorin und Kursleiterin gewonnen habe. Ich danke meinen Kollegen, Freunden und Studenten, die die Intensität und Komplexität der Innenarchitektur als kreative Tätigkeit immer wieder hinterfragt, auf die Probe gestellt und neu ausgelotet haben. Ich hoffe, dass die Lektüre dieses Buches auch für Sie ein Gewinn ist und Sie dazu inspiriert, sich dieses Fach mit ebenso viel Enthusiasmus und Leidenschaft zu erschließen – denn Design heißt nicht nur Probleme lösen! Design heißt, den unmittelbaren Lebensraum verstehen zu lernen und sich an ihm zu erfreuen, indem man ihn formt und weiterentwickelt.

Tomris Tangaz

TIPPS ZUM BUCH

Die Lehreinheiten folgen in ihrem Aufbau den Kursen von Spitzendesignern und stellen anschaulich alle Aspekte der Innenarchitektur von der ersten Idee bis zum letzten Feinschliff dar. Den Anfang macht die Entwicklung einer Idee, gefolgt von Erläuterungen zum Aufbau eines ersten Konzepts (Freihandzeichnen) und den praktischen Aspekten bei der Projektrealisierung (Bemaßung und Ausarbeitung eines Kundenprofils). Im letzten Teil erfahren Sie, wie Sie ein Portfolio zusammenstellen und sich einem Unternehmen präsentieren, um in der Branche Fuß zu fassen.

LEHREINHEITEN

Der Inhalt ist in abgeschlossene, leicht verständliche Lehreinheiten unterteilt, die sich über zwei bis vier Seiten erstrecken. Alle Informationen sind somit sofort verfügbar. In den einzelnen Einheiten werden sowohl Theorie als auch Praxis behandelt.

PROJEKTE
Die Projekte in jedem Kapitel dienen zur Einübung praktischer Fertigkeiten und unterstützen Sie bei der Entfaltung Ihrer gestalterischen, künstlerischen und technischen Fähigkeiten.

ZIELE
Zu Beginn werden die Ziele der Lehreinheit aufgezeigt, und Sie erhalten einen Überblick über die behandelten Themen.

STUDENTENPROJEKTE
Zahlreiche Beispiele von Studenten ermöglichen Ihnen den Vergleich mit Ihrer eigenen Arbeit.

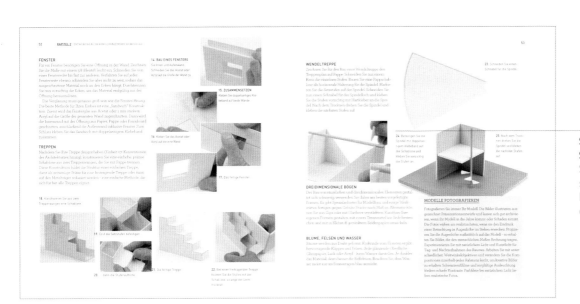

SCHRITT FÜR SCHRITT MIT SPEZIELLEN BILDFOLGEN
Spezielle Bildfolgen unterstützen Sie beim Modellbau und veranschaulichen das technische Zeichnen.

FALLBEISPIELE
Die Autorin zeigt, wie Innenarchitekten spezielle Aufgaben in der Praxis gelöst haben. So gewinnen Sie einen Eindruck von Auftrag und Budget. Diese Fallbeispiele dienen als Inspirationsquellen und bieten wertvolle Einblicke in die Arbeit professioneller Designer.

BEISPIELE VON PROFIS
Zahlreiche abgeschlossene Arbeiten sowie Werke in der Entstehung werden ergänzt durch Tipps und Einblicke von Profis, die zeigen, wie Sie Design auf höchstem Niveau schaffen.

QUELLEN
Das Buch wird ergänzt durch ein Glossar und nützliche Quellen.

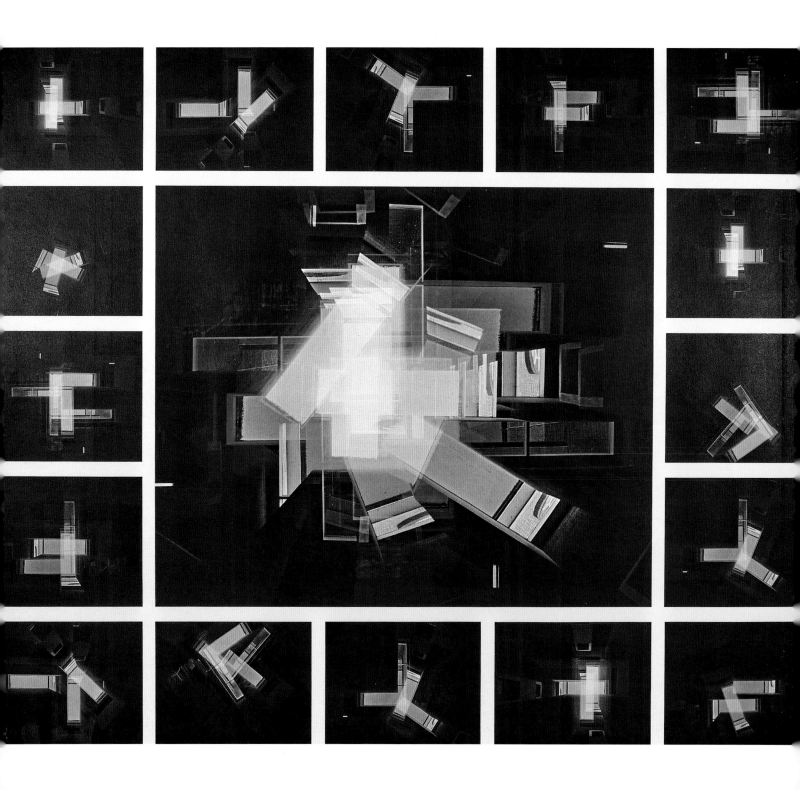

KAPITEL 1

KONZEPT-ENTWICKLUNG

Dieses Kapitel führt Sie durch alle Entwicklungsphasen einer Idee und betrachtet abschließend das Konzept im Rahmen eines Kontextes. In den Einheiten wird untersucht, wie vertraute Objekte zu wertvollen Quellen für Ihre Studien werden. Sie lernen, Ihre unmittelbare Umgebung als Inspiration für Designkonzepte zu nutzen, indem Sie das Werkzeug der Betrachtung einsetzen. Einige Freihandtechniken wie Zeichnen, Collagen, Fotografie und Modellbau befähigen Sie zur Erkundung von Form, Licht, Struktur und Maßstab.

Außerdem konzentriert sich dieses Kapitel auf die Schlüsselfertigkeiten Betrachtung und Recherche. Durch die Verknüpfung Ihrer Ideen mit Ihren Recherchen lernen Sie, ein Skizzenbuch aufzubauen, ein Raumkonzept zu ergründen und den Designprozess zu erfassen.

EINHEIT 01

RECHERCHE VOR ORT

ZIELE
- Sorgfältige Ausarbeitung einer Studie
- Erstellen von Skizzen und detaillierten Zeichnungen
- Verwendung verschiedener Zeichenmaterialien

Ausgangspunkt jeder Untersuchung ist die Recherche. Sie schafft den Rahmen für Ihre Arbeit und die Vertiefung Ihrer Kenntnisse, ungeachtet dessen, ob es um ein Bauwerk, einen Designer oder ein spezielles Interessengebiet geht. Die Recherche erweitert das Wissen und ermöglicht den Einsatz von Methoden und Prozessen, die zu neuen Erkenntnissen sowie Lösungen führen. Diese Einheit legt den Grundstein für Recherchen vor Ort und Gebäudestudien und befähigt Sie, interessante Architektonik zu betrachten, zu analysieren, zu dokumentieren und zu kommunizieren.

Bevor Sie mit der Entwicklung eigener Ideen beginnen, müssen Sie Ihren unmittelbaren Lebensraum verstehen. Die Erfahrungen mit Ihrer Umgebung schaffen und formen Ihre persönlichen Vorlieben und Abneigungen. Bisher haben Sie Ihre Umgebung wahrscheinlich als Hintergrund oder bunte Tapete der täglichen Routine erlebt. Öffnen Sie Ihre Augen für den Reichtum an aufregenden Designideen, die Sie umgeben. Gebäudestudien stoßen die Tür zu einer Welt voller visueller Erfahrungen auf. Bauwerke verkörpern wie Menschen Persönlichkeiten, Werte, Überzeugungen und Ideen. Architektur erleben heißt diese Qualitäten erforschen und sich zu Nutze machen.

STIMMUNG EINFANGEN ↑→
Erste Entwürfe halten den Charakter eines Ortes fest. Kräftige Bleistiftschraffuren verleihen diesem Ort ein dramatisches Profil.

FOTOGRAFIE ALS WERKZEUG →
Nutzen Sie die Fotografie zur Untersuchung und Erforschung bei der Recherche vor Ort. Fotografieren Sie Dinge, die Sie interessieren und nutzen Sie Fotosequenzen zum Beschneiden, Herausheben oder Vergrößern von Raumbildern.

PROJEKT

Wählen Sie ein interessantes und leicht zugängliches Gebäude. Betrachten Sie zunächst seine Geometrie, dann Maßstab, Form, Proportionen, Details, Materialien und Funktionen. Dokumentieren Sie verschiedene Ansichten sowie Details und Materialien in Nahaufnahmen mit einer Kamera.

VORGEHENSWEISE

Kategorisieren Sie Ihre Studie mit der nebenstehenden Checkliste zur Architektur. Versuchen Sie beim Zeichnen, die Zeit zum Skizzieren zu variieren. Unterschiedlich schnell angefertigte Skizzen ergeben verschiedene Arten von Zeichnungen. Eine Fünfminutenskizze ist expressiv und lebendig, sie zeigt nur wichtige Ideen und Charakteristika. Eine genaue Zeichnung ist zeitaufwändiger, liefert aber detaillierte Informationen.

BETRACHTUNG DES ORTES

Studieren Sie die Beziehung des Gebäudes zu seiner Umgebung; sein unmittelbares Umfeld liefert wertvolle Informationen. Erstellen Sie einen Fragenkatalog, um wichtige Einflüsse zu ermitteln. Betrachten Sie die Position des Gebäudes in der Straße

CHECKLISTE

Masse und Hohlräume Studieren Sie die Geometrie des Gebäudes mit Fassaden, Türen und Fensteröffnungen.

Maßstab und Proportion Studieren Sie Maßstab und Proportion des Gebäudes sowie dessen Verhältnis zu seiner Umgebung.

Rhythmus Achten Sie auf Wiederholungen, Ornamente oder Linien, die auf Bewegung oder Rhythmus schließen lassen.

Struktur Ermitteln Sie die Materialien und die daraus entstehenden Kontraste.

Licht und Schatten Lichtmuster auf dem Gebäude verstärken oder verändern Designelemente. Achten Sie auf diese Effekte.

Farbe Untersuchen Sie die Verwendung von Farbe und ihre Wirkung auf das Gebäude.

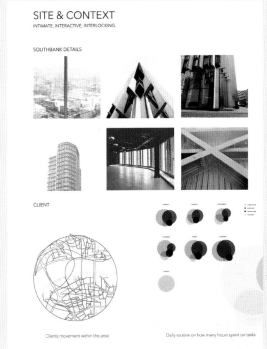

SITE & CONTEXT
INTIMATE, INTERACTIVE, INTERLOCKING.

SOUTHBANK DETAILS

CLIENT

Clients movement within the area

Daily routine on how many hours spent on tasks

EXPERIMENTE MIT BILDERN ←↑

Experimentieren Sie mit Ihren Fotos. Einfache Methoden wie die Spiegelung und Drehung von Bildern können einen Raum auffrischen und eine Atmosphäre überbetonen. So können Sie schnell bei Ihrer Recherche vor Ort die Designsprache abrufen.

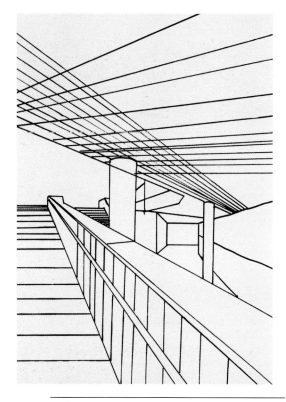

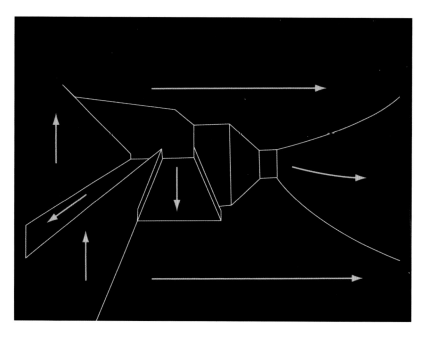

ZEICHNUNGEN UND DIAGRAMME ↑↗

Ein Diagramm kommuniziert eine Idee ausschließlich über visuelle Sprache.

Oben rechts: Ein räumlicher Spaziergang, beschrieben durch Darstellung architektonischer Elemente mit Pfeilen. **Oben:** Perspektive eines Innenraums, dargestellt mit einer einfachen Strichzeichnung. Die Verkleinerung von Winkeln und Flächen bewirkt Kontraste zwischen weißen Massen und schwarzen Hohlräumen.

Gebäude stellen Kompositionen aus verschiedenen Elementen dar. Manchmal ist das Geflecht aus Materialien und ihren Beziehungen zueinander, aus Strukturen und Formen zu komplex, um sich uns auf den ersten Blick zu erschließen. Die Fassade eines Gebäudes wirft Fragen über seine Innenräume auf. Eine kühne Außenansicht kann die Sprache ihrer Architektur auf die Räume im Inneren übertragen. Ihr Hauptwerkzeug bei Recherchen vor Ort ist die Betrachtung. Fertigen Sie eine Checkliste an, um Ihre Studie zu kategorisieren, und konzentrieren Sie sich bei der Betrachtung architektonischer Eigenschaften und Details auf überschaubare Bereiche. Ob Sie nun historische Bauwerke wie gotische Kirchen und klassizistische Tempel oder moderne Gebäude wie Kraftwerke oder Hochhäuser betrachten, die Vorgaben Ihrer Checkliste sollten Anregungen für Ihre Studie liefern.

BEOBACHTENDES ZEICHNEN →

Die vertraute Perspektive einer Straße kann als erster Schritt zum Erlernen des beobachtenden Zeichnens dienen.

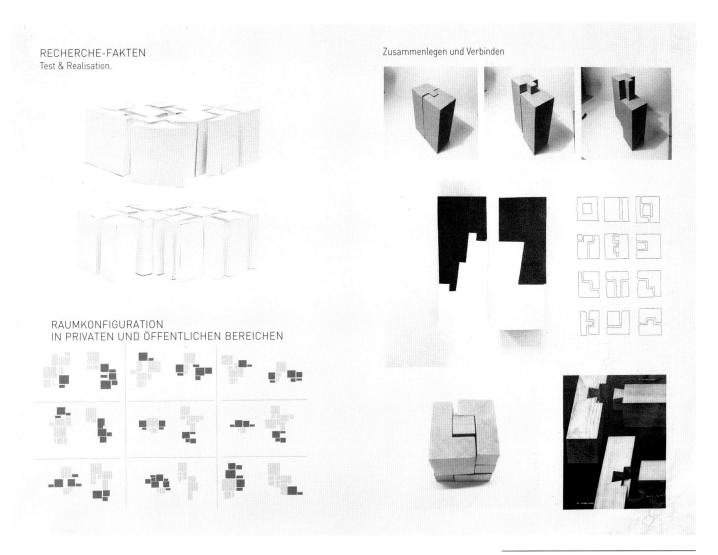

RECHERCHE-FAKTEN
Test & Realisation.

RAUMKONFIGURATION
IN PRIVATEN UND ÖFFENTLICHEN BEREICHEN

Zusammenlegen und Verbinden

VON 2D ZU 3D ↑

Ein guter Weg zur Entwicklung erster
Ideen ist die Umwandlung eines Dia-
gramms in ein physisches Modell. Mit der
Umwandlung von 2D in 3D können Sie die
in den Zeichnungen angedeuteten physischen Eigenschaften und räumlichen
Beziehungen realisieren. Diese Phase
wird im Designprozess oft als Testphase
bezeichnet.

EINHEIT 02

AUFBAU EINES SKIZZENBUCHS

ZIELE
- Entwicklung von Ideen in einem Skizzenbuch
- Entwicklung der Recherchestufen
- Zusammenstellen verschiedener Einzelinformationen

Ein Skizzenbuch ist ein persönliches Tagebuch, ein Unikat und gleichzeitig ein wertvolles Archiv Ihrer mentalen Prozesse und Ideen. Es reflektiert Ihren Arbeitsstil und unterstützt den Denkprozess sowie das Formulieren des Konzepts, da es wichtige Einflüsse und Verweise verknüpft. In dieser Einheit befassen wir uns mit der Bedeutung eines Skizzenbuchs – nicht als formales Präsentationswerkzeug, sondern als Arbeitsbuch, das Sie bei der Konzeptfindung unterstützt.

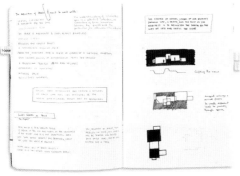

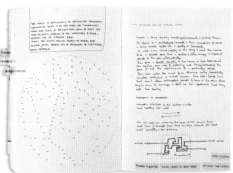

WIE WIRD SKIZZIERT? ↑
Variieren Sie die Methoden, um die Effektivität des Skizzenbuchs zu optimieren. Experimentieren Sie, wagen Sie etwas – Skizzen sind Werke in der Entstehung, kein Endprodukt.

Skizzenbücher sind die Lebensadern der Ideen. Sie transportieren erste Gedanken und halten flüchtige Blicke auf Lösungsansätze für einen Auftrag fest. Sie sind unverzichtbar bei der Entwurfsausarbeitung und dokumentieren alles, was Sie inspiriert und beflügelt. Erste Ideen bilden zwar den Ausgangspunkt, können aber auf jeder Stufe des Entwurfsprozesses dienlich sein. Es gibt keine Regeln für das Erstellen eines Skizzenbuchs, kein „richtig" oder „falsch". Seien Sie am Anfang nicht zu kritisch, lassen Sie Ihren Gedanken freien Lauf. Sie werden überrascht sein, wie viel Sie lernen, wenn Sie Fehlern nicht zu große Bedeutung beimessen.

VERWENDUNG DES SKIZZENBUCHS
Verwenden Sie das Skizzenbuch zum Ausloten von Ideen, Erarbeiten von Prozessen und Methoden, Dokumentieren und Archivieren von Daten und als Entscheidungsgrundlage im Entwurfsprozess. Sammeln Sie Referenzbilder, Artikel, Fallbeispiele und Fotos. Integrieren Sie diese in chronologischer Folge in das Buch, um eine Methodik zu entwickeln. Gewöhnen Sie sich an, Querverweise zu setzen; das befähigt Sie, systematisch auf Ihr Referenzmaterial zuzugreifen. Durchdringt Ihre Recherche erst einmal Ihre Ideen, wirkt sich dies proaktiv und prospektiv auf Ihre Arbeit aus.

SKIZZENBÜCHER – IHRE ARCHIVE ↓
Stellen Sie die Entwurfsreferenzen und Bilder für jedes Projekt zusammen. Ihr Skizzenbuch speichert relevante Ideen, durchdringt den Entwurfsprozess und unterstützt die Entwurfsentwicklung.

THE AFFIX GALLERY

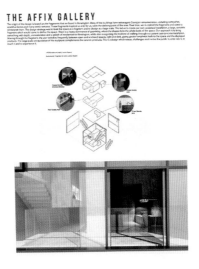

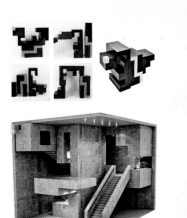

RAUMDIAGRAMME UND SKIZZEN

Durch ständiges Zeichnen und Skizzieren entwickeln Sie erste Entwurfsideen für einen Auftrag oder eine Entwurfsbesprechung. Gehen Sie Ihren Einfällen mit Diagrammen auf den Grund – dabei werden Ideen generiert und wird der Grundstein für das spätere Modell gelegt.

QUERVERWEISE

Vernetzen Sie Ihr Material durch Querverweise und ergänzen Sie es mit persönlichen Notizen – dies kann eine Quelle der Inspiration für Sie sein. Die Verwendung eines Modells oder einer Strategie ebnet effizient den Weg für die Lösung eines Entwurfsproblems oder das Zusammenspiel relevanter Themen.

VON EINFACH ZU KOMPLEX ↑

Durch die Addition und Subtraktion von Formen können Sie Elemente zusammensetzen und verfeinern. Eine Idee lässt sich mit zahllosen Optionen weiterentwickeln, von einfachen bis zu komplexen Konzepten.

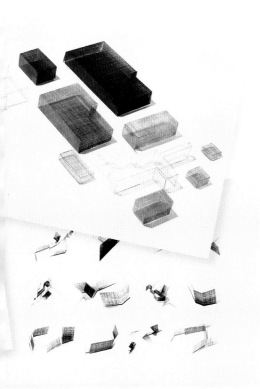

ILLUSTRATIONEN

Arbeiten Sie intensiv mit Bildern. Die Darstellung einer Stimmung oder Atmosphäre bereits zu Beginn des Designprozesses erleichtert Ihnen die Entscheidungsfindung. Erkunden Sie direkte Beziehungen zu Bildern, die Sie gefunden haben, oder kreieren Sie eigene Collagen. Lassen Sie sich von visuellen Beispielen der Qualitäten, die Sie kommunizieren wollen, inspirieren.

ENTWURFSKRITERIEN

Bald werden Sie einen Fundus an Kriterien aufgebaut haben – zentrale Ideen und Qualitäten, unverzichtbare Elemente des Entwurfsprozesses. Versuchen Sie, diese bei Designentscheidungen zu betonen. Sie helfen Ihnen, wichtige Gedanken Priorität einzuräumen und auf dem richtigen Weg zu bleiben.

RUBIK'S CUBE ↑

Eine vorhandene Struktur kann zur Untersuchung neuer Kompositionen rekonfiguriert werden. Das ist ein guter Ausgangspunkt für die Planung eines Entwurfs oder die Untersuchung eines neuen Konzepts.

VERUNGLÜCKTE ENTWÜRFE

Versuch und Irrtum sind die besten Ratgeber. Lassen Sie sich durch Fehler nicht entmutigen: Kreativ ist nur, wer bereit ist, Risiken einzugehen. Probleme können zu Verbündeten werden – zufällige Entdeckungen und glückliche Missgriffe sind der beste Beweis dafür.

FOTOGRAFISCHE PERSPEKTIVEN ↓

Arbeiten Sie mit der Perspektive. Auf Augenhöhe und mit einem Fluchtpunkt erzeugt das Foto einen stärkeren psychologischen Eindruck und ermöglicht es dem Betrachter, die räumlichen Eigenschaften des Bildes zu erfahren.

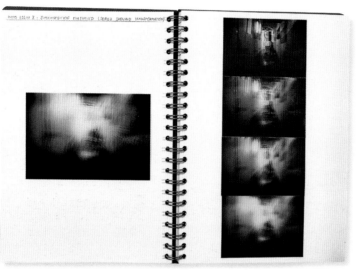

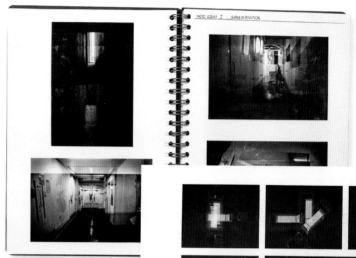

FOTOMONTAGEN →

Legen Sie die Fotos übereinander und erstellen Sie Montagen, um Ideen zu entwickeln, Atmosphäre zu schaffen und räumliche Tiefe zu vermitteln. Montagen schaffen spontane Beziehungen zwischen Material und Licht.

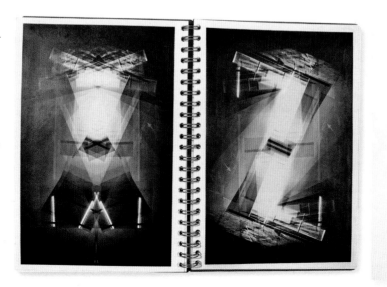

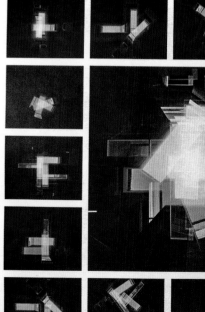

PROJEKT

Stellen Sie die Rechercheergebnisse – Fotos, Zeichnungen und Notizen – aus Einheit 01 zusammen. Werten Sie die Ergebnisse der Recherche vor Ort und die Gebäudestudie aus, indem Sie diese in ein Skizzenbuch aufnehmen.

VORGEHENSWEISE

Ihre Untersuchungen öffnen die Tür zur ersten Stufe des Entwurfsprozesses. Durch das Studium der Architektur eines Bauwerks arbeiten Sie sich nun rückwärts auf den Kern einer Idee oder eines Konzepts zu. Eine Fülle an Material ermöglicht Ihnen, spielerisch damit zu arbeiten.

SCHRITT 1

Wählen Sie die Zeichnungen und Skizzen, die Ihre Eindrücke vor Ort am besten kommunizieren. Machen Sie sich die Komposition der beobachteten Beziehungen bewusst, indem Sie Verbindungen suchen: Betrachten Sie die Zusammenführung der Materialien und die Anordnung von Strukturelementen wie Fenstern, Türen und Treppen. Fotokopieren Sie die Zeichnungen und vergrößern Sie Details. Möglicherweise bergen diese Bruchteile die Idee.

SCHRITT 2

Dekonstruieren Sie die Geometrie dieser Teile bis auf das Minimum, bis wenige Linien oder Flächen vor Ihnen liegen. Erstellen Sie durch die Kombination von Details und Bruchteilen neue Zeichnungen. Verfahren Sie ebenso mit den Fotos: Extrahieren Sie durch Nachzeichnen Ideen. Verleihen Sie Materialien, Struktur und Farbe Ausdruck durch Vergrößerung und Collagen. Zeigen Sie Mut bei Ihren Ideen. Nutzen Sie möglichst viele verschiedene Materialien zur Darstellung von Gestalt, Form und Struktur.

MODELLIEREN ↓

Eine Fassade wird in eine Reihe kühner räumlicher Geometrien dekonstruiert. Jede Verzerrung wird durch eine Reihe aufeinander aufbauender Skizzenmodelle erforscht. Zeitbasierte Fotosequenzen zeichnen unterschiedliche Lichtbedingungen auf.

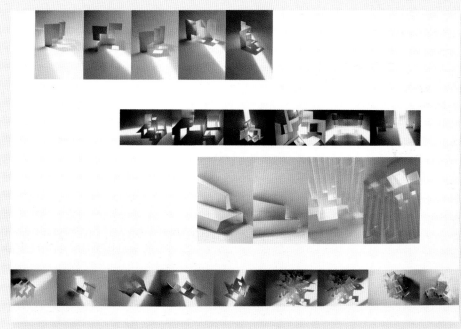

EINHEIT 03

BAU EINES ARBEITSMODELLS

ZIELE
- Modellieren einer Raumidee
- Verwendung verschiedener Materialien
- Gebrauch der Modellbauausrüstung

Die Umsetzung Ihrer Ideen in ein Modell ermöglicht Ihnen konkrete Einblicke in Ihren Entwurfsplan. Materialien, Licht und Struktur erwecken Ihre Ideen augenblicklich zum Leben und sind hilfreich, um zentrale Elemente zu ergründen und zu durchdringen. Modelle bieten Ihnen Gelegenheit, wirklich expressiv, kreativ und innovativ zu arbeiten. Mit einfachen Techniken und Werkzeugen sowie preisgünstigem Material lässt sich eine Raumidee maßstabsgerecht nachbilden – das Rauminnere wird erlebbar. Diese Einheit behandelt die Grundfertigkeiten des Modellbaus, der in der Entwicklung einer Raumidee eine zentrale Rolle spielt.

Die Arbeit mit Modellen gewährt Einblick in die Eigenschaften des Materials. Durch den Einsatz von hartem oder weichem Material, Bogen oder Winkelformen finden Sie heraus, wie Ihre Entwurfsidee langsam konkrete Gestalt annehmen kann. Das Modell visualisiert Ihre Intention räumlich, wobei Ihre Idee das zentrale Entscheidungskriterium für die Wahl des Materials ist. Auf dieser Stufe sind nicht perfekte Abschlussarbeiten oder realitätsgetreue Modelle entscheidend; das Modell dient Ihnen vielmehr als Instrument zur Ergründung des Machbaren und zur Entfaltung Ihrer Raumidee. Es liegt in der Natur eines Arbeitsmodells, die Elemente lose und vieldeutig zu belassen, damit Ideen ausprobiert, Experimente mit Materialien durchgeführt und Möglichkeiten ausgeschöpft werden können.

AUSRÜSTUNG
Bevor mit dem Modellbau begonnen werden kann, muss die richtige Ausrüstung zusammengestellt werden. Die korrekte Verwendung des Werkzeugs garantiert wirkungsvolle Modelle, sie dient außerdem Ihrer eigenen Sicherheit und beugt Verletzungen vor.

Cutter Für die Hochleistungsbearbeitung benötigen Sie ein Universalmesser. Es hat einen stabilen Metallgriff und schneidet sicher durch dicke oder harte Pappe. Mit der geraden Klinge werden Karton, Foamboards, Holz und Blech geschnitten. Zum Einkerben und Schneiden von Acryl und Kunststoffen dient eine Spezialklinge. Außerdem benötigen Sie ein Skalpell. Das ist ein extrem scharfes, leichtes Messer für feine, präzise Schnitte und somit ideal für das Schneiden von Krümmungen und winzigen Details.

Schneidematte Diese Unterlage für alle Materialien, die geschnitten werden müssen schützt die Tischoberfläche und gewährleistet sicheres Schneiden.

WERKZEUG ↑
Die Grundausstattung: Schneidematte, Cutter und Skalpell. Halten Sie immer einen Vorrat an Klingen bereit, da diese schnell stumpf werden.

Lineale und Winkel Das Stahllineal bildet die Hauptschnittkante. Bekleben Sie das Lineal mit Kreppband: So verrutscht es beim Schneiden nicht. Ein Winkel dient zur Schnittführung bei rechtwinkligen Schnitten und als Stabilisator beim exakten Bau von Modellen.

Klebstoff und Nadeln Papier oder Pappe wird meist mit Weißleim auf Oberflächen geklebt, da dieser stark haftet und transparent auftrocknet. Zur Verbindung von Holz mit Holz eignet sich Weißleim oder Hartkleber. Verwenden Sie einen speziellen Acrylkleber, um Acryl mit Acryl zu verbinden. Eine Heißleimpistole ist hilfreich, wenn schwer zu klebende Materialien wie Metall zusammengesetzt werden. Allerdings ist sauberes Arbeiten mit einer solchen Pistole schwierig. Sie sollte nur für Arbeitsmodelle, nicht aber für Präsentationsmodelle verwendet werden. Sprühkleber eignet sich für Bastelpapier vor dem Schneiden. (Den Kleber nicht einatmen und den Raum gut lüften!) Mit Nadeln können Pappmodelle schnell zusammengesteckt oder Klebstellen während des Trocknens fixiert werden.

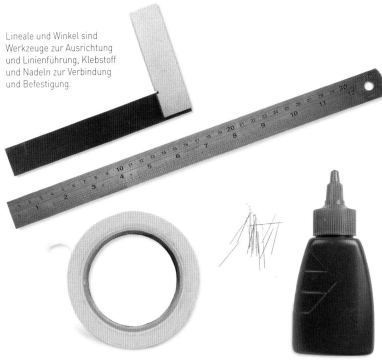

Lineale und Winkel sind Werkzeuge zur Ausrichtung und Linienführung, Klebstoff und Nadeln zur Verbindung und Befestigung.

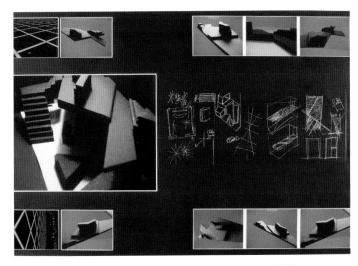

ARCHITEKTONISCHE FRAGMENTE ↑
In einer Modellreihe nehmen Ideen rund um ein architektonisches Fragment Gestalt an. Die Einzelteile fügen sich schrittweise zu einem Modell zusammen. Der Entwurfsprozess wird anhand von Skizzen in Kombination mit Fotos präsentiert.

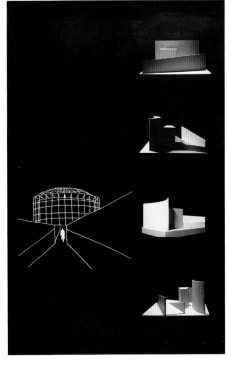

ANSICHTEN EINES MODELLS ←
Diese vier Fotos zeigen verschiedene Ansichten eines Arbeitsmodells. Der schwarze Hintergrund erzeugt das Skulpturenprofil der Abbildungen, jede Ansicht spiegelt Bewegung wider.

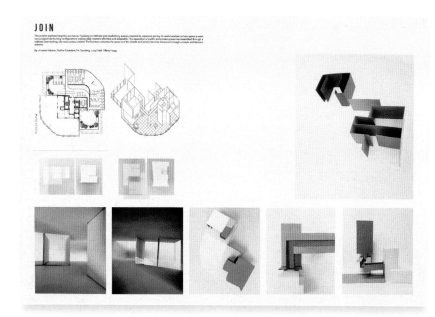

DEN PROZESS DEMONSTRIEREN ↙↓
In einer Sequenz präsentiert, können Skizzenmodelle den Prozess der Konzeptentwicklung demonstrieren.

DAS MODELL PRÄSENTIEREN ↓
Eine dreidimensionale Zeichnung zeigt den Gesamtentwurf und wird zusammen mit Fotos des Modells gezeigt, um die Atmosphäre des Raumes zu illustrieren.

MATERIALIEN

Für den Bau der meisten Modelle genügen einige Grundwerkstoffe wie Papier und Pappe, doch darüber hinaus gibt es Material in Hülle und Fülle. Experimentieren Sie, überschreiten Sie Grenzen – der Prozess des Modellbaus eröffnet Ihnen ausgezeichnete Einblicke in grundlegende Konstruktionstechniken.

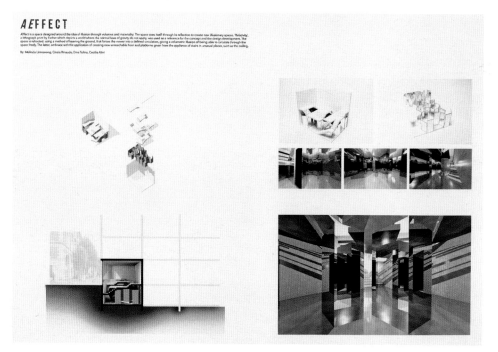

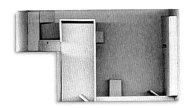 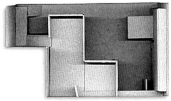

BAU DES MODELLS ←
Fotografieren Sie das Modell während der Bauphase. So erhalten Sie eine Dokumentation aller experimentellen Entwurfsentscheidungen.

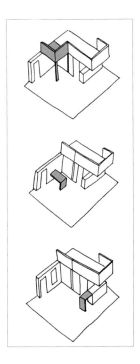

BETONUNG VON EIGEN-SCHAFTEN ↑
Farbliches Absetzen unterschiedlicher Elemente Ihrer Skizze hebt spezifische Eigenschaften des Modells hervor, die im Zentrum der Aufmerksamkeit stehen sollen.

PROJEKT

Wählen Sie aus dem in Einheit 02 erstellten Skizzenbuch ein architektonisches Teilstück Ihrer Gebäudestudie aus. Studieren Sie es und entscheiden Sie dann, aus welchem Material es gefertigt werden soll – dieses soll die Proportionen und Qualitäten des Teilstücks einfangen und wiedergeben. Rechts entsteht aus einer Abbildung gebrochenen Lichtes ein Entwurf für einen Fußgängerweg. Die Materialien des Modells loten Kontraste zwischen transparenten und opaken Oberflächen aus.

VORGEHENSWEISE

Für den Bau der Struktur eignen sich Pappe, Foamboard, Draht, Transparentpapier, Blech, Acryl oder Balsaholz. Experimentieren Sie mit Techniken wie Drehen, Rollen, Reißen, Einkerben oder Falten der Pappe, um Verbindungen und Flächen zu kreieren. Fixieren Sie feine Übergangspunkte zwischen Materialien mit Klebstoff. Beachten Sie den Maßstab der Zeichnung und gehen Sie durch konsistente Wahrung der Proportionen auf die Beziehungen zwischen den Materialien ein. Beschäftigen Sie sich in einer Reihe aus drei oder vier Arbeitsmodellen mit einem Teilstück. Variieren Sie diese durch Ausprobieren verschiedener Möglichkeiten: Spielen Sie mit Materialien, Farben, Texturen und Effekten.

SCHRITT 1

Wählen Sie ein Material, das Ihrer Idee am besten entspricht. Wie können Sie daraus den Hauptkörper des Teilstücks fertigen? Beginnen Sie mit einem einfachen Rahmen.

SCHRITT 2

Bauen Sie mit weiteren Werkstoffen die Struktur auf. Dies können Elemente sein, die Sie aufsetzen, umhüllen oder einschneiden – je nachdem, welche Beziehung Sie herausarbeiten und welches Detail Sie betonen wollen.

SCHRITT 3

Analysieren Sie Ihre Arbeit. Erfasst Ihr Raummodell klar das Teilstück? Durch Korrektur und Anpassung einzelner Elemente können Sie auf dem bisher Geschaffenen aufbauen.

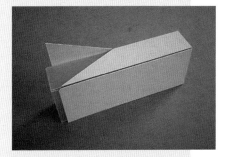

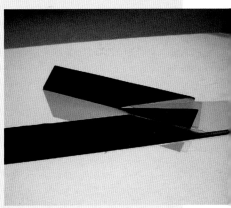

EINHEIT 04

ENTWICKLUNG EINER IDEE

ZIELE

- Analyse einer Anfangsidee und Entwicklung einer Ideentafel
- Erfassen von Entwurfskriterien
- Kommunikation von Ideen in 2D- und 3D-Visualisierungen

In der Anfangsphase wirkt so manches Projekt entmutigend: Wie soll man vorgehen, um aus so vielen verschiedenen Möglichkeiten eine Idee zu wählen? Zunächst ist es wichtig, alle Optionen positiv zu betrachten und sich inspirieren zu lassen. Bleiben Sie unbedingt offen und treffen Sie keine endgültigen Entscheidungen. Je mehr Material Ihnen zur Auswahl steht, desto spannender wird Ihre Entscheidungsfindung. In dieser Einheit lernen Sie, erste Ideen zu sammeln und daraus eine Ideentafel zu entwickeln.

GRUNDFORMEN ↑

Eine Landschaftsaufnahme **(ganz oben)** inspiriert erste Ideen. Durch Abstraktion in eine Reihe horizontaler und vertikaler Flächen **(oben)** wird die Raumgeometrie untersucht.

IDEENFINDUNG

Inspiration kennt keine Grenzen und entspringt den unterschiedlichsten Quellen: einem Gemälde, einem Text, einer Skulptur, einem Bild oder auch einer bewegenden Erinnerung. In dieser Phase sollten Sie offen und so kreativ wie möglich denken. Gehen Sie schnell und intuitiv vor und skizzieren Sie Ihre ersten Einfälle zu dem Auftrag. Während der Konzeption können Sie Ihren Ideen freien Lauf lassen, ohne sich auf bestimmte Elemente oder Details konzentrieren zu müssen. Sie erarbeiten das Designkonzept als allgemeines Ganzes, aus dem sich ein kohärenter Entwurf herauskristallisiert. In dieser Phase werden Informationen gesammelt, Interessen ermittelt, Ideen geboren, Analysen durchgeführt und wird der Auftrag durchgespielt.

ENTWICKLUNG DER IDEE

Wenn Sie ein bestimmtes Interessengebiet festgelegt haben, konzentrieren Sie sich auf individuelle Ideen. In dieser zweiten Phase verlagern Sie Ihre Analyse vom Ganzen auf die einzelnen Elemente. Stellen Sie visuelle Beispiele mit Notizen zusammen. Halten Sie Ihren Arbeitsprozess in einem Skizzenbuch fest. Dieses wird Ihnen in den späteren Phasen der Entwurfsentwicklung unschätzbare Dienste leisten. Analysieren Sie das Material – welche Themen, Werte, Qualitäten und Elemente stehen Ihnen zur Verfügung? Sind diese physischer, konzeptioneller, räumlicher oder historischer Natur?

Testen Sie die Ideen anhand einiger Arbeitsmodelle, die nicht funktional sein sollen, sondern nur eine Idee räumlich darstellen. Sie können wie Raumdiagramme gestaltet werden – befreien Sie die Idee von ihrer Zweidimensionalität. In dieser Phase prüfen und analysieren Sie Ideen, erarbeiten Lösungen, testen Konzepte anhand räumlicher Modelle, ermitteln Entwurfskriterien und fassen Alternativen ins Auge.

UNTERSUCHUNG DES KONTEXTS ←
Studieren und analysieren Sie Ansichten und Perspektiven, um die Beziehungen zwischen Mensch und Umgebung zu ergründen.

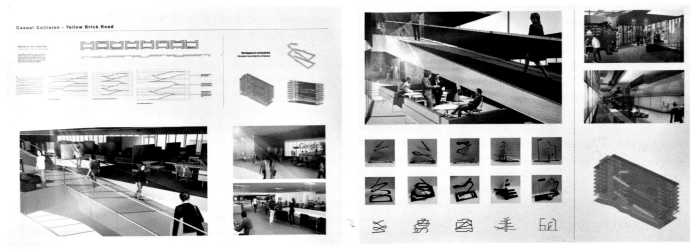

DESIGNIDEEN ↑

Beschreiben Sie visuelles Denken durch Vereinfachung von Strukturen, um eine Idee zu kommunizieren. Designer benutzen oft Diagramme, um eine schematische Darstellung zu illustrieren. Sie sollten provozierend sein und Ideen abstrakt suggerieren, um eher Möglichkeiten als Ergebnisse zu betonen.

ERARBEITUNG EINER IDEENTAFEL

Sobald Sie ein Skizzenbuch und ein Modell ausgearbeitet haben, können Sie dem Kunden die erste Projektphase vorstellen. Die Präsentation muss professionell und ansprechend sein und sorgfältig konzipierte Modelle einbeziehen. Ideentafeln eignen sich hervorragend für die Kommunikation der Grundidee und die Präsentation einiger Designvorschläge. Lassen Sie Ihre Skizzen, Fotos und Architekturstudien mit Ihrem Entwurfsvorschlag in einen Spiralordner binden. Erste Entscheidungen fallen nun – allerdings werden diese im Lauf des Projekts weiterentwickelt und manchmal auch geändert. Konzentrieren Sie sich darauf, Ihre Ideen vorzustellen, Entscheidungsoptionen aufzuzeigen und einen ersten Entwurfsvorschlag mit Hilfe einer Ideentafel zu präsentieren.

PROJEKT

Wählen Sie fünf interessante Wörter, mit denen Sie arbeiten möchten. Schlagen Sie deren genaue Bedeutung im Wörterbuch nach und notieren Sie sie in Ihrem Skizzenbuch. Ein Brainstorming kann hilfreich sein. Prüfen Sie, was Ihnen dazu einfällt und konzentrieren Sie sich auf die Eigenschaften, die Sie mit den Wörtern verbinden.

VORGEHENSWEISE

Sammeln Sie Bilder, die diese Wörter zum Ausdruck bringen, und teilen Sie diese in Kategorien ein wie spezifisch oder abstrakt, architektonisch oder atmosphärisch, illustrativ oder beispielhaft. Analysieren Sie die Bilder, indem Sie bestimmte Ideen auswählen, die Sie entwickeln möchten, und nutzen Sie diese für die Erarbeitung Ihrer Modelle. Erstellen Sie aus Ihren Bildern und Wörtern eine Ideentafel im Format DIN A2 (420 x 594 mm).

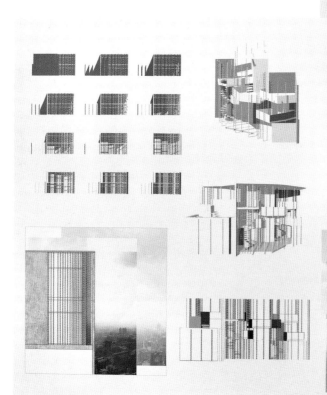

EINE GESCHICHTE ERZÄHLEN ↑→

Ein einziges dramatisches Bild kann die Vehemenz der Erfahrung demonstrieren. Benutzen Sie die Bilder wie im Kino, um den Betrachter mit Landschaften und Panoramen zu verknüpfen, welche die Essenz des Konzepts vermitteln.

CONCEPT BOARD ←

Ein Konzept lässt sich am besten mit klaren, direkten Bildern ausdrücken. Bei diesem Projekt ist das Konzept von Licht und Orientierung entscheidend für den Innenraum. Es wird durch Lichtstudien, Diagramme und Bilder klar, die die Panoramen zeigen.

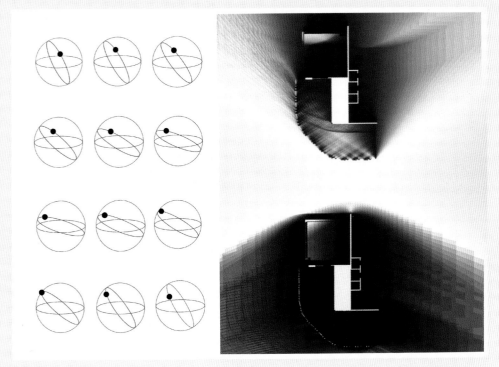

SCHRITT 1

Beginnen Sie mit einem Brainstorming. Reagieren Sie schnell und intuitiv auf alle Assoziationen, die mit den von Ihnen gewählten Wörtern verbunden sind. Einige der Eigenschaften sind offensichtlich, andere eher subtil und nicht sofort erkennbar. Veranschaulichen Sie die Zusammenhänge und Beziehungen zwischen diesen Wörtern und Ideen in einem einfachen Spinnendiagramm.

SCHRITT 2

Verknüpfen Sie die Wörter mit bestimmten Bildern und versuchen Sie, diese visuell zu kommunizieren. Beziehen Sie alle anderen Wörter aus dem Brainstorming ein, die Ihnen wichtig erscheinen, um Ihre Anfangsideen auszuarbeiten und ihnen Gestalt zu verleihen.

SCHRITT 3

Stellen Sie die Endauswahl Ihrer Wörter und Bilder auf der Ideentafel dar. Prüfen Sie die Beziehungen zwischen Bildern und Text, um eine überzeugende Präsentation zu erzielen. Analysieren Sie die Bildgruppen und spielen Sie mit dem Layout, bevor Sie die Elemente aufkleben. Wenn Sie mit Ihrer Komposition zufrieden sind, fixieren Sie alles vorsichtig mit Sprühkleber.

SCHRITT 4

Zeigen Sie Ihre Ideentafel einem Freund oder Kollegen – so können Sie die Wirkung der Präsentation abschätzen. Seien Sie stets offen für konstruktive Kritik: Sie ist unverzichtbar für die Weiterentwicklung Ihrer Arbeit.

FALLBEISPIEL 01 | STADTWOHNUNG

AUFTRAG

Es wird ein Gästebett benötigt.

Budget: Klein. Die Kunden sind ein berufstätiges Paar, das gern Gäste hat.

Architektur und Innenarchitektur: Jackson Ingham Architects.

Eine kleine Stadtwohnung wird verändert, indem eine überfüllte und unbehagliche Einzimmerwohnung in ein Eineinhalbzimmerhaus verwandelt wird.

Der Auftrag war klar: Es wurde ein Gästebett benötigt. Bei einer Grundfläche von 40 m² brauchte man weniger Planungsvermögen als Fantasie. Unter Nutzung der Deckenhöhe wurde durch Entfernung der vorhandenen Wände ein räumliches Gefühl geschaffen, um möglichst viel Luft, Licht und Raum zu gewinnen. Die Höhe des vertikalen Raumes ermöglichte ein zentrales Kastenvolumen, um die Funktionen von Schlafen und Waschen zu definieren und neue Laufwege einzurichten.

Vorn gibt das Erkerfenster direktes Licht für den Wohnbereich, die Küche und die Laufwege, während der Schlafbereich hinten einen Blick auf den Garten im Erdgeschoss und die Veranda bietet. Die Küchenzeile ist effizient und offen geplant. Durch Nutzung der Raumhöhe wird ein Gefühl der Enge vermieden. Die Küche selbst befindet sich hinter Schiebetüren, die gleichzeitig auch einen üppigen Stauraum verbergen. Der integrierte Stauraum ist ein wichtiges Element dieser kompakten Wohneinheit. Er hilft optische Übersättigung vermeiden und reduziert den Bedarf an Möbeln auf ein Minimum.

Der Zugang ist einfach, und die offenen Flächen auf beiden Seiten des zentralen Kastens sorgen trotz des kleinen Raumes für ein Gefühl von Fluss und Offenheit.

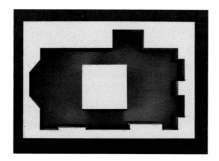

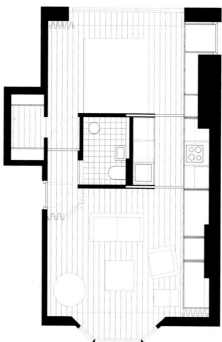

ZENTRALE KOMPONENTE ↑

Der Kasten ist eine zentrale Komponente. Dort verbirgt sich ein privater Raum für Waschen und Körperpflege, während sich oben auf dem Kasten eine offene Plattform zum Schlafen befindet, die einen Blick über die gesamte Wohnung ermöglicht. Die Materialpalette ist beschränkt auf graue MDF-Platten und dunklen Marmor. Weitere Objekte bringen Leben in den Raum.

DER PLAN ←↑

Eine Reihe von Plänen zeigt die Umwandlung des vorhandenen Konzepts. Aus der einschränkenden Sequenz kleiner Räume entstanden große Räume vorn und hinten im Zimmer. Zwischen diesen Räumen kann man sich frei bewegen. Heizung, Strom- und Wasserversorgung sind gut durchgeplant und daher praktisch und effizient.

AUF EINEN BLICK ←
Dieses Bild vermittelt eine klare Vorstellung von der Atmosphäre und der Höhe des Raumes. Der direkte Blick durch den gesamten Innenraum lässt ihn offen und luftig wirken.

FALLBEISPIEL 02 | VOM INNEREN ZUM ÄUSSEREN

AUFTRAG

Gestaltung eines neuen Essraums mit Türen zu einem Garten.
Budget: klein. Die Kunden sind ein berufstätiges Paar mit einer Vorliebe für die Architektur der 1930er und 1950er Jahre.
Designer: Fieldhouse Associates

Die Reise vom Inneren zum Äußeren kreuzt häufig eine aufregende Schwelle, der der Designer Rechnung tragen muss. Eine zentrale Frage jedes Entwurfs ist der Schnittpunkt zwischen innerer und äußerer Welt, wann der Innenraum zu fließen beginnt und den Außenraum einschließt. In diesem Fallbeispiel dominiert die Gartenansicht das Design des Übergangs und schafft einen neuen Lebensraum in einem Einfamilienheim.

Die natürliche Textur des Kupferdachs ergänzt den Garten und mischt sich mit Pflanzen und Blattwerk – ein Ort, der zur Entspannung einlädt.

GESTALTUNG MIT STIL

Ideen für die Gestaltung von Wohnraum ergeben sich oft aus dem Lebensstil und den kulturellen Interessen des Kunden. Den Ausgangspunkt für diese Küchenerweiterung in einem Reihenhaus aus dem 19. Jahrhundert bildete der Stil. Die Kunden legten Wert auf eine Verbindung von Küche und Essbereich mit dem Garten durch eine Esstheke im Dinerstil. Der Designer nutzte historische ArtdécoEinflüsse, um eine stromlinienförmige Struktur zu kreieren. Diese bildete die Grundlage für den Sitzbereich im Inneren, während im Außenbereich der Garten einbezogen wurde.

ENTWURFSKONSTRUKTION

Das Kupferdach dieses kleinen Anbaus verfärbt sich im Lauf der Zeit von einem matten Braun zu einer grün glänzenden Patina. Durch die Witterungseinflüsse wird das Dach zu einem weiteren natürlichen Element des Gartens, das die reiche, wilde Vegetation widerspiegelt.

Aus der Nähe betrachtet, enthüllt das runde Erkerfenster zahllose Designdetails, die seine geschwungene Struktur unterstreichen.

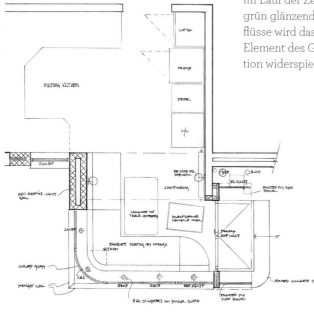

GRUNDRISS ←

Der Grundriss gibt einen Überblick über das Layout und die Gestaltung der neuen Erweiterung. Funktionale Bereiche wie Küche und Geräte sind geschickt abgetrennt, die Verkehrsflächen bequem nutzbar. Der Raum zum Entspannen gewährt freien Blick auf den Garten.

Die Sitzbank greift mit dem gedämpften Ton des Leders und der stromlinienförmigen, geschwungenen Form Stileinflüsse des Art déco auf.

Großflächige Lichtquellen verbinden den Garten mit dem Essraum. Licht und Aussicht werden zu entscheidenden Charakteristika dieses Raumes.

INNENMOBILIAR

Klare, geschwungene Linien und gedämpfte Farben transportieren die Sprache des Außenbereichs in den Innenraum. Eine maßgefertigte Sitzbank greift die runde Form des Erkerfensters auf, das Design gestattet eine maximale Nutzung des Essraums. Die Materialien spielen eine zentrale Rolle: Weiche Lederpolster sorgen für Komfort, glänzende Aluminiumdetails setzen Kontraste und Lichtakzente.

KAPITEL 2

ENTWURFS-REALISIERUNG

Die konkrete Realisierung des Entwurfs setzt den Entwurfsprozess fort. In diesem Kapitel werden Sie in das Freihandzeichnen und die Techniken der Parallelprojektion eingeführt. Sie lernen, wie man Informationen bei einem ersten Besuch vor Ort dokumentiert und wie sich aus einer Freihandzeichnung Grundriss, Schnittdarstellung und 3D-Ansicht des Raumes konstruieren lassen. Von der technischen Ausstattung bis zu den Zeichentechniken werden hier die Designgrundlagen vermittelt, die Sie für die weitere Arbeit an Ihrem Entwurf benötigen.

Schwerpunkte des Kapitels sind die Themen Rechnen, Maßstab, Proportion, Technisches Zeichnen, Präsentation und Kommunikation.

EINHEIT 05

ZEICHENMATERIAL

ZIELE

- Gewöhnung an verschiedene Zeichenmaterialien
- Einübung verschiedener Zeichentechniken
- Verständnis für Entwurfszeichnungen entwickeln

Zeichnen ist ein wichtiger Teil des Designprozesses. Wer professioneller Innenarchitekt werden möchte, sollte erst einmal analog zeichnen lernen, bevor er sich mit digitalen Techniken befasst. Digitale Werkzeuge wirken gegenüber Zeichnungen von Hand unpersönlich. Mit einer Auswahl an grafischen Werkzeugen können Sie die Nuancen Ihres Entwurfs vermitteln.

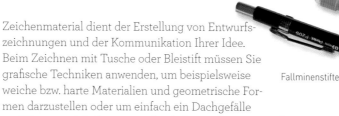

Druckbleistifte

Fallminenstifte

Zeichenmaterial dient der Erstellung von Entwurfszeichnungen und der Kommunikation Ihrer Idee. Beim Zeichnen mit Tusche oder Bleistift müssen Sie grafische Techniken anwenden, um beispielsweise weiche bzw. harte Materialien und geometrische Formen darzustellen oder um einfach ein Dachgefälle und Treppenwinkel zu veranschaulichen..

PAPIER

Detailpapier wird für Skizzen, Pläne, Layouts und Bemaßungen verwendet. Es stellt eine preisgünstige Alternative zu Transparentpapier dar und ist bei übereinander liegenden Zeichnungen gut durchsichtig. Transparentpapier hingegen ist teuer, verwenden Sie es daher nur für Präsentationszeichnungen.

HOLZBLEISTIFTE

Ein normaler Bleistift aus Holz eignet sich vor allem für Skizzen, Freihandzeichnungen oder Planlayouts. Spitzen Sie die Stifte mit einer Klinge, um die Strichqualität zu optimieren. Der Härtegrad eines Holzbleistifts ist abhängig von seiner Graphitmine. Zeichnen Sie mit Stärke 4H oder 2H, wenn Sie mehr Kontrolle bei sehr exakten Linienführungen benötigen. Für allgemeine Zwecke haben sich die Stärken F oder H bewährt, die bei fertigen Zeichnungen, präzisen Layouts und Beschriftungen zum Einsatz kommen. Weiche Stifte der Stärke HB ermöglichen kühne Striche, setzen aber

Papier

Holzbleistifte

konzentriertes Arbeiten voraus und verwischen beim Skizzieren leicht.

FALLMINENSTIFTE

Diese Stifte erfordern viel Geschick und Erfahrung, da Sie mit ihnen verschiedene Strichstärken zeichnen können. Spitzen Sie die Mine regelmäßig, damit die Minenspitze gleichmäßig lang bleibt. Üben Sie das Ziehen des Striches und gleichzeitige Drehen des Stiftes, um eine exakte Linie zu zeichnen. Ziehen Sie Ihre Striche immer vertikal (von oben nach unten) oder horizontal (von links nach rechts), niemals „gegen den Strich" – der Druck könnte die Mine brechen oder das Papier ruinieren.

DRUCKBLEISTIFTE

Diese Stifte wurden entwickelt, um eine konsistente Strichstärke von z. B. 0,5 mm zu erzielen. Spitzen ist nicht notwendig. Stärkere bzw. kräftigere Striche erreichen Sie durch Verdoppelung der Linie oder die Verwendung von Minen mit 0,7 oder 0,9 mm. Der Druckbleistift ist am einfachsten zu handhaben, da er leichter zu kontrollieren ist als die übrigen Stifte.

Tuschefüller

Zeichendreieck

TUSCHEFÜLLER

Tuschefüller erzeugen exakte und präzise Strichstärken für klare, saubere Linien. Die feine, röhrenförmige Metallfeder reguliert dabei den Tintenfluss. Wie Druckbleistifte sind auch diese Stifte in Sets mit unterschiedlichen Stärken erhältlich: 0,18 mm, 0,25 mm, 0,35 mm und 0,5 mm. Zeichnen Sie von links nach rechts bzw. von unten nach oben, damit die Tinte beim Arbeiten trocknen kann. Lagern Sie die Stifte mit der Feder nach oben.

ZEICHENPLATTE

Technische Zeichnungen werden auf einer Zeichenplatte oder am Zeichentisch angefertigt, um Genauigkeit zu gewährleisten. Linien und Winkel werden so exakt konstruiert. Die Zeichenschiene kann auf und ab verschoben werden und garantiert die Parallelität aller horizontalen Linien. Reinigen Sie die Oberfläche der Platte und die Schiene regelmäßig mit einem milden Reinigungsmittel.

KREISSCHABLONE UND ZIRKEL

Eine Kreisschablone ist unverzichtbar für das Zeichnen kleiner bis mittlerer Kreise oder Bogen und abgerundeter Ecken. Zirkel werden für große Kreise und Tuschearbeiten eingesetzt.

RADIERSCHABLONE UND ZEICHENBESEN

Mit der Radierschablone können Sie bestimmte Bereiche präzise ausradieren. Außerdem schützt sie die Zeichnung vor Beschädigung durch den Radiergummi. Radieren Sie Linien mit einem weichen Gummi und halten Sie die Zeichenoberfläche mit dem Zeichenbesen sauber.

ZEICHENDREIECK

Mit dem beweglichen Zeichendreieck ziehen Sie alle vertikalen Linien, die entweder im 90° oder einem anderen Winkel auf der Zeichenschiene aufsitzen. Am praktischsten ist ein großes Dreieck (32,5 cm) mit abgeschrägten Kanten. Benutzen Sie das Zeichendreieck nicht als Schnittkante, da der Kunststoff leicht beschädigt wird, und reinigen Sie es mit Feuerzeugbenzin.

Kurvenlineal

KURVENLINEAL UND BURMESTER-KURVENLINEAL

Komplexe Kurven und organische Formen wie geschwungene Wände oder aufwändig geformte Möbel werden mit diesen Linealen aus flexiblem oder hartem Kunststoff gezeichnet.

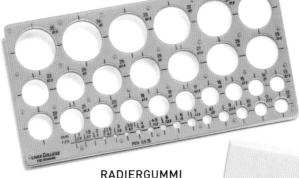

Kreisschablone

RADIERGUMMI

Entfernen Sie Graphit und Tusche mit verschiedenen Radiergummis. Weißer Gummi eignet sich für Bleistifte, Knetgummi für größere Flächen. Tusche kann mit Glasfaserradierern korrigiert oder mit dem Skalpell abgekratzt werden.

DREIKANTMASSSTAB

Der Dreikantmaßstab ermöglicht die maßstäbliche Umrechnung realer Größen. Die geläufigsten Maßstäbe sind 1:5, 1:10, 1:20, 1:50 und 1:100. Die Angabe der Maße erfolgt in Millimeter und Meter.

Radiergummi

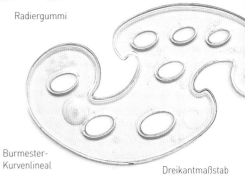

Burmester-Kurvenlineal

Dreikantmaßstab

Zirkel

Radierschablone

EINHEIT 06

MENSCHLICHE DIMENSIONEN

ZIELE

- Grundlagen von Maßstab und Proportion
- Grundlagen der Ergonomie
- Erfassen der Bedeutung von Entwurfsdaten

Unser ästhetisches Empfinden orientiert sich am menschlichen Körper. Die menschlichen Maße sind von entscheidender Bedeutung für menschliches Design: Jedes Design ist die zweckorientierte Antwort auf ein Bedürfnis. Unsere Körpermaße sind ausschlaggebend dafür, wie wir uns in Räumen fühlen und darin agieren. In dieser Einheit konzentrieren wir uns auf die Prinzipien, die unsere Entscheidungen im Entwurfsprozess beeinflussen. Ergonomie, Maßstab und Proportionen sind Schlüsselelemente für das Studium von Architektur und Innenarchitektur.

MASSSTAB

Das Messen ist eine Glanzleistung der Abstraktion. Im praktischen Leben müssen wir nur selten Höhe mit Länge und Breite in Beziehung setzen. Uns ist nicht bewusst, dass die Spannweite unserer ausgestreckten Hände von Fingerspitze zu Fingerspitze etwa unserer Körpergröße entspricht – aber wir assoziieren Höhe mit Dominanz. Die Größe eines Raumes, eines Objekts oder einer Person kann bewirken, dass wir uns klein oder eingeschüchtert fühlen. Dieses Gefühl beeinflusst das Design von Bauwerken wie Hochhäusern, Wolkenkratzern, Einkaufszentren und Kirchen. Werden diese unter Berücksichtigung der menschlichen Maße gestaltet, können sie Macht oder Autorität vermitteln oder einfach beeindrucken. Die Wahrnehmung dieser Eigenschaften hängt ferner davon ab, ob die Dimensionen unserem Empfinden nach mit der Umgebung korrelieren. Manchmal spielt es keine Rolle, ob etwas groß oder klein ist, wenn es sich nur richtig anfühlt. Der Designer bricht unter Umständen die Konventionen und verändert mit dem Mittel Maßstab unser Verhalten.

A response to:
Movement

personal space
fit
negative space
dance

MASSSTAB IM ALLTAG →

Alles in unserer Umwelt dient als Instrument, um die Maße von Dingen einzuordnen. Telegrafenmasten, Straßenlaternen, Bäume, Autos, Gebäude und Menschen vermitteln uns einen Eindruck von Dimension, Größe und Proportionen.

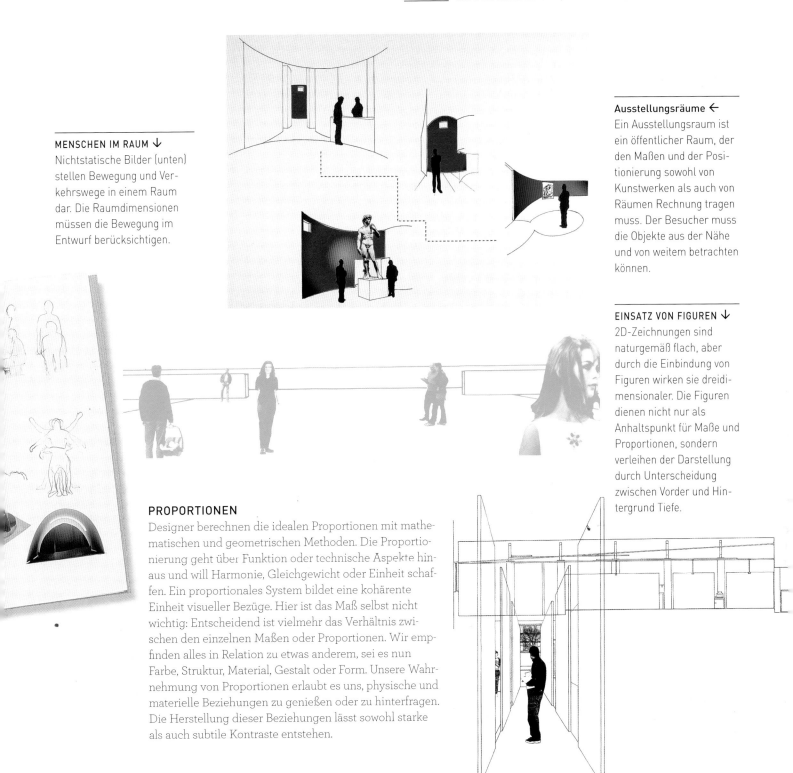

MENSCHEN IM RAUM ↓
Nichtstatische Bilder (unten)
stellen Bewegung und Ver-
kehrswege in einem Raum
dar. Die Raumdimensionen
müssen die Bewegung im
Entwurf berücksichtigen.

Ausstellungsräume ←
Ein Ausstellungsraum ist
ein öffentlicher Raum, der
den Maßen und der Posi-
tionierung sowohl von
Kunstwerken als auch von
Räumen Rechnung tragen
muss. Der Besucher muss
die Objekte aus der Nähe
und von weitem betrachten
können.

EINSATZ VON FIGUREN ↓
2D-Zeichnungen sind
naturgemäß flach, aber
durch die Einbindung von
Figuren wirken sie dreidimensionaler. Die Figuren
dienen nicht nur als
Anhaltspunkt für Maße und
Proportionen, sondern
verleihen der Darstellung
durch Unterscheidung
zwischen Vorder und Hin-
tergrund Tiefe.

PROPORTIONEN
Designer berechnen die idealen Proportionen mit mathe-
matischen und geometrischen Methoden. Die Proportio-
nierung geht über Funktion oder technische Aspekte hinaus und will Harmonie, Gleichgewicht oder Einheit schaffen. Ein proportionales System bildet eine kohärente
Einheit visueller Bezüge. Hier ist das Maß selbst nicht
wichtig: Entscheidend ist vielmehr das Verhältnis zwischen den einzelnen Maßen oder Proportionen. Wir empfinden alles in Relation zu etwas anderem, sei es nun
Farbe, Struktur, Material, Gestalt oder Form. Unsere Wahrnehmung von Proportionen erlaubt es uns, physische und
materielle Beziehungen zu genießen oder zu hinterfragen.
Die Herstellung dieser Beziehungen lässt sowohl starke
als auch subtile Kontraste entstehen.

MASSSTABSFIGUREN →
Maßstabsfiguren in Modellen verstärken deren realistische Wirkung. Eine Figur verleiht einem Raum Leben.

MENSCHLICHE DIMENSIONEN

Man kann sich den menschlichen Körper als einfachen Rahmen aus mehreren Grundproportionen vorstellen. Diese können in sieben gleiche Teile untergliedert werden, wobei der Kopf ein Siebtel der Gesamtgröße ausmacht. Die Augenhöhe liegt durchschnittlich bei etwa 1500 mm (1,50 m). Berücksichtigen wir bei der Raumgestaltung diese Proportionen, kann man sich leicht vorstellen, was unser Auge wahrnehmen wird.

Ein Entwurf, der die Augenhöhe berücksichtigt, bietet uns Perspektiven, mit deren Hilfe wir eine physische Verbindung zu unserer Umgebung herstellen können. Dieser Entwurf, der festlegt, was wir sehen, fördert andererseits unsere Neugierde, indem er Erwartungen schürt. Komfortables und funktionales Design ist für jede Aktivität möglich – ob wir in einer Position verharren, stehen, sitzen oder uns bewegen.

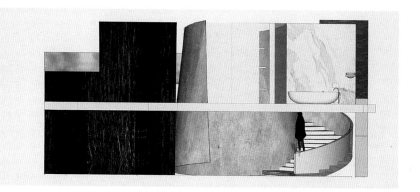

PROJEKT

Gutes Design ist persönlich. Durch ein Verfahren der Neuappropriation kann ein vorhandenes Objekt erfindungsreich und fantasievoll umgestaltet werden – ein ganz neues Konzept für einen neuen Zweck. Eine Reihe von Stühlen wird zu neuen Möbeln umgestaltet, unter anderem zu einem Schaukelstuhl und einem Beistelltisch für die verschiedensten Zwecke.

Stellen Sie Ihr Urteilsvermögen über Design auf die Probe, indem Sie zu Hause oder an Ihrem Arbeitsplatz zwei Gebrauchsgegenstände untersuchen. Wählen Sie je ein gut und ein schlecht designtes Objekt.

VORGEHENSWEISE

Analysieren Sie genau, warum diese beiden Objekte Beispiele für gutes oder schlechtes Design sind. Nennen Sie die Hauptgründe, warum jedes Objekt seine Funktion erfüllt bzw. nicht erfüllt. Überlegen Sie, wie es verbessert werden könnte und welche Eigenschaften es haben oder nicht haben sollte. Als angehender Designer sollten Sie sich eine eigene Meinung über gutes und schlechtes Design bilden, um Ihre eigenen Kriterien kritisch beurteilen zu können.

ERGONOMIE

Ist etwas ergonomisch, dann funktioniert es gut und unterstützt uns in unserem praktischen Umfeld. Ergonomische Grundsätze finden wir in jedem Gebrauchsgegenstand. Bei jedem für Menschen entworfenen Objekt – vom Besteck bis hin zur Treppe – muss ein Designer darauf bedacht sein, dass es einfach, praktisch und bequem ist und Bedarf, Funktion oder Aufgabe entspricht.

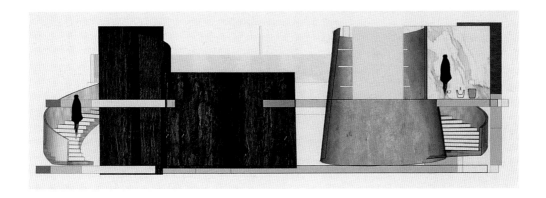

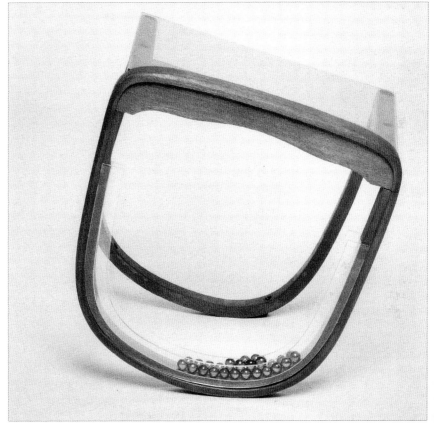

EINHEIT 07

KONVENTIONEN DER ARCHITEKTURZEICHNUNG

ZIELE

- Lesen unterschiedlicher Architekturzeichnungen
- Anwendung von Konventionen für das Zeichnen
- Erstellen einer technischen Zeichnung

Designer und Architekten kommunizieren ihre Ideen in einer visuellen Sprache. Wie jede andere Sprache unterliegen auch Architekturzeichnungen Konventionen, die im Zuge der praktischen Darstellung von Ideen umgesetzt werden. Technische Zeichnungen werden sowohl für die Präsentation als auch für die Entwurfsausarbeitung benötigt. In dieser Einheit lernen Sie die Grundprinzipien des technischen Zeichnens kennen, die Sie für eine angemessene Präsentation Ihrer Ideen benötigen.

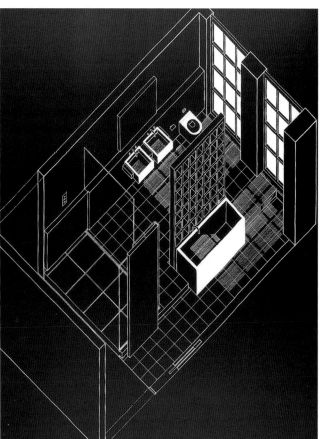

TECHNISCHES ZEICHNEN

In Architekturzeichnungen liegt der Schwerpunkt auf Form und Raumdefinition. Die grafische Darstellung kann zwei oder dreidimensional sein. Grundriss, Schnitt und Aufriss sind zweidimensionale Ansichten, die man als Parallelprojektion bezeichnet. Jede Ansicht zeigt uns den Raum aus einer anderen Perspektive, wobei Maßstab und Proportionen stets gleich bleiben. Im Grundriss sehen wir den Raum von oben, beim Aufriss betrachten wir den Raum in einer senkrechten Ansicht, während uns der Schnitt eine Ansicht der Raumaufteilung von innen bietet. Die Bedeutung dieser Ansichten liegt in der Vermittlung von Informationen in einer Abfolge von Parallelprojektionen: Gemeinsam bieten sie verschiedene Informationen, die zu einem umfassenden Verständnis des Entwurfsplans beitragen.

3D-Zeichnungen umfassen axonometrische, isometrische und perspektivische Darstellungen. Diese Zeichnungen wirken realistischer, weil sie uns die drei Dimensionen Höhe, Länge und Breite vor Augen führen (*siehe* S. 54).

AXONOMETRISCHE PROJEKTION ←

Diese axonometrische Schwarz-Weiß-Zeichnung soll den Einsatz von Lichtquellen veranschaulichen. Die schraffierten Linien auf dem Boden zeigen, wie natürliches Licht für Tätigkeiten wie Waschen und Baden genutzt wird.

SCHNITTE UND AUFRISSE

Schnitte und Aufrisse sind vertikale Ansichten eines Gebäudes. Der Fassadenaufriss zeigt die Außenansicht eines Gebäudes und bietet keine Einsichten in das Innere. Details wie Säulen, Bogen, Türen und Fenster werden in diesem Aufriss dargestellt, während der Schnitt die Innenräume veranschaulicht. Je nachdem, ob Sie das Gebäude der Länge oder der Breite nach durchschneiden, generieren Sie Längs- oder Querschnitte. Für die Schnittdarstellung wählt man in der Regel die Hauptansichten. Die Darstellung aller Ebenenwechsel, zweigeschossigen Räume oder Treppen dient der Beschaffung möglichst vieler Informationen. Die Schnittzeichnung wird direkt vom Grundriss konstruiert, indem Höhen und Längen bzw. Breitendaten mit dünnen Konstruktionslinien projiziert werden. Der Schnittpunkt wird am Rand des Planes mit Pfeilen markiert, die Schnittposition und Ansichtsrichtung angeben. Laut Konventionen sind alle Schnittlinien mit der stärksten Dicke zu zeichnen, um die Unmittelbarkeit des Schnittpunkts anzuzeigen. Sie müssen alle Elemente ab dem Schnittpunkt in der Schnittzeichnung abbilden. Alle Elemente, die nicht durchgeschnitten sind, werden mit feineren Linien gezeichnet, um Tiefe zu erzeugen.

GRUNDRISS

Der Grundriss ist die zeichnerische Darstellung eines horizontalen Schnittes in Hüfthöhe (1200 mm) durch ein Gebäude. Dieser Übersichtsplan hat den Zweck, die Organisation und Gestaltung der Räume in einem Bauwerk zu zeigen. Die Einbindung zentraler Informationen wie die Lage von Türen, Fenstern, Wänden und Treppen sowie die Dicke von tragenden Wänden, Trennwänden, Fensterrahmen und brettern bestimmen die Schnitthöhe. Darüber hinaus zeigt der Grundriss wichtige Architekturmerkmale, die über der Schnittebene liegen. Strichpunktlinien markieren oberhalb der Schnittlinie bzw. -ebene liegende Elemente wie Träger, Zwischengeschosse und Dachfenster.

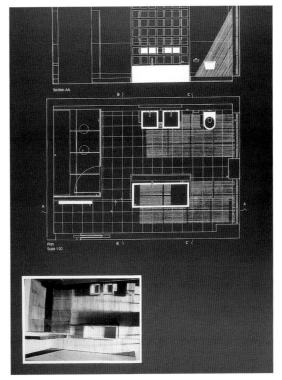

GRUNDRISS UND SCHNITT ←

Beide Darstellungen ergänzen sich und visualisieren Aufsichten sowie vertikale Ansichten. Ein Foto des maßstäblichen Modells zeigt die skulpturelle und materielle Beschaffenheit des Entwurfs im Spiel von Licht und Schatten.

SCHNITT-DARSTELLUNGEN ↓

Schnitte spielen eine wichtige Rolle bei der Beschreibung architektonischer Merkmale eines Bauwerks. Hier die Darstellung einer Dachkonstruktion.

MASSSTAB

Der Begriff „Maßstab" bedeutet schlicht Größe. Die meisten technischen Zeichnungen werden maßstäblich angefertigt: Grundstücke, Bauwerke und Objekte werden nicht in ihrer tatsächlichen Größe, sondern viel kleiner dargestellt – und der Entwurf passt auf eine Seite. Die gängigsten Maßstäbe sind 1:20, 1:50 und 1:100. Ein Raumentwurf im Maßstab 1:20 ist 20-mal kleiner als der echte Raum bzw. $^1/_{20}$ seiner Größe in der Wirklichkeit. Je größer der Maßstab einer Zeichnung, desto mehr Details müssen abgebildet werden. Ein Maßstab von 1:100 bedeutet, dass ein Meter einen Zentimeter misst. Ein Maßstabsbalken stellt den Maßstab einer Zeichnung in Form einer Leiste grafisch dar. Er ist insbesondere bei Fotokopien nützlich, die auf eine bestimmte Größe und nicht einen bestimmten Maßstab verkleinert werden. Abhängig von Ihrem grafischen Stil bzw. Ihren Zeichenvorlieben sind unterschiedliche Maßstabsbalken verfügbar.

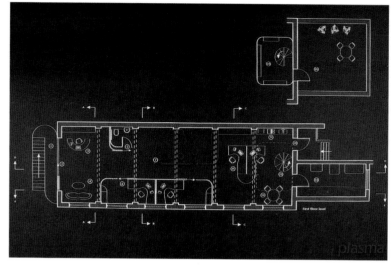

SCHNITTLINIEN ↑

Schnittlinien markieren die zentralen Ansichten innerhalb des Raumes. Außerhalb des Grundrisses zeigen sie mit Pfeilen die Ansichtsrichtung.

BETONUNG VON BESONDER-HEITEN ↓

Im Paket präsentiert, kommunizieren technische Zeichnungen den Entwurf in einer Sequenz von Parallelprojektionen. Ein computergeneriertes Bild illustriert ein auffälliges Sitzmöbel als zentralen Gegenstand dieses Raumentwurfs.

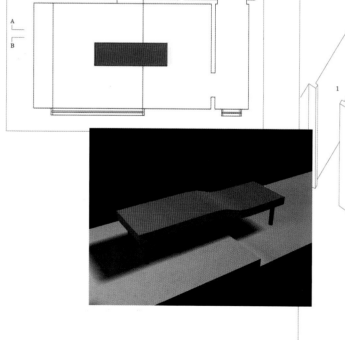

Der Maßstabsbalken zeigt ungeachtet der Reproduktionsgröße der Zeichnung den Maßstab an.

SCALE : mm
0   500   1000

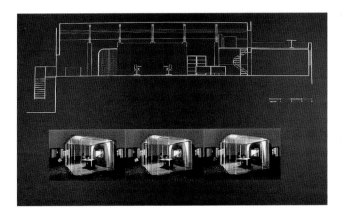

LÄNGSSCHNITT ←

Ein Längsschnitt beschreibt die Gebäudelänge im Gegensatz zu seiner Breite. Schnitte sind flache Raumdarstellungen, die, ergänzt durch andere Ansichten oder Modelle, dazu beitragen, einen Entwurf in seiner Gesamtheit zu erfassen.

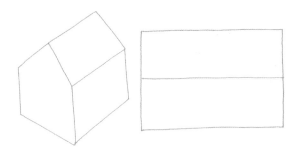

DACHPLAN, DREIDIMENSIONAL ↑

Außenansicht eines Bauwerks: Darstellung des vertikalen Aufrisses mit einer Aufsicht auf den Dachplan.

MASSLINIEN UND SCHNITTLINIEN

Zeichnen Sie diese Linien mit technischem Zeichengerät, um Klarheit und Konsistenz zu gewährleisten. Die Art der grafischen Darstellung variiert in Abhängigkeit vom Stil der Zeichnung. Markieren Sie eindeutig alle Maß und Schnittlinien – sonst könnte Verwirrung entstehen.

LINIENSTÄRKE

Die Dicke Ihrer Striche kennzeichnet Schnittpunkte, tragende und nicht tragende Elemente sowie Möbel und Details. Ihre stärkste Linie (0,5, 0,7, 0,8 und 1,0) repräsentiert Umriss, Struktur oder Profil des Raumes am Schnittpunkt. Je dicker der Strich, desto stärker kontrastiert das Raumprofil mit den übrigen Linien für Möbel und Details – die Zeichnung erweckt das Gefühl von Tiefe.

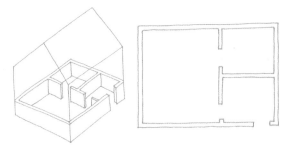

GRUNDRISSSCHNITT ↑

In Hüfthöhe aufgeschnitten, zeigt ein horizontaler Schnitt durch das Gebäude den Grundriss mit den Innenräumen.

Enthält Ihr Schnitt zahlreiche feine Details wie z. B. Gesimse, diktieren diese Ihre Linienstärken. Ein dicker Strich für ein detailliertes Profil wirkt grob, und viele Feinheiten könnten verloren gehen. Die allgemeine Regel für die Linienstärken wird durch die Position des Schnittpunkts festgelegt. Mit wachsendem Abstand zur Schnittlinie nimmt die Linienstärke ab. Details wie Fliesen oder Bodenplatten liegen am weitesten von der Schnittlinie entfernt; zeichnen Sie diese mit einem feinen Stift (0,1, 0,18), um die Distanz wiederzugeben. Mittelstarke Striche symbolisieren Möbel und nicht strukturelle Elemente als Kontrast zu feinen Details und kräftigen Profilen.

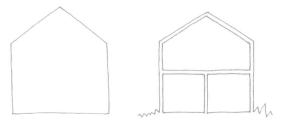

AUFRISS UND SCHNITT ↑

Durch einen senkrechten Aufriss entsteht eine Schnittdarstellung der Räume im Gebäudeinneren.

TÜREN UND FENSTER

Die Konventionen für das Zeichnen von Türen und Fenstern variieren. Bei Türen müssen Sie die Schwenkrichtung zeigen. Darum werden sie immer geöffnet im 90°-Winkel dargestellt. Zeichnen Sie Fenster am Schnittpunkt, der über der Fensterbank liegt. Die Fensterbank wird mit einer dünneren Linie als der Fensterrahmen dargestellt.

TEILSCHNITT →

Ein Teilschnitt zeigt ein partiell aufgeschnittenes Bauwerk: Einige Elemente sind im Schnitt zu sehen, während der Rest hinter der Schnittlinie im Aufriss verborgen bleibt.

EINHEIT 08

BEMASSUNG UND FREIHANDZEICHNUNG

ZIELE

· Konventionen bei der Bemaßung eines Objekts
· Methoden bei der Bemaßung eines Raumes
· Erstellen exakter Freihandzeichnungen

Die Bemaßung dient der Ermittlung und Verarbeitung aller Informationen, die Sie für maßstabsgerechte Bauaufnahmezeichnungen benötigen. Für die Vorgehensweise spielt es keine Rolle, ob es sich um eine Küche oder um ein ganzes Gebäude handelt. Durch genaues Betrachten erfassen Sie die für korrekte Freihandzeichnungen erforderlichen Daten. Dieses Kapitel führt Sie Schritt für Schritt durch die Bemaßung eines Raumes und die Entwicklung Ihrer Zeichentechniken.

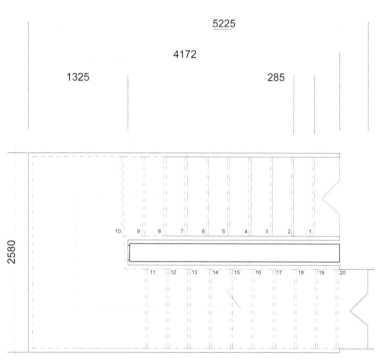

MASSSTABSGERECHTE ZEICHNUNGEN ↑
Beim maßstabsgerechten Zeichnen einer Treppe lernen Sie grundsätzliche Designprinzipien. So sollten Breite und Tiefe des Treppenabsatzes mindestens der Breite der Treppe entsprechen.

Für die Bemaßung benötigen Sie zunächst die richtige Ausrüstung: Maßband (30 m), Taschenmaßband, Zollstock, Schmiege zum Messen von Neigungen und Winkeln, Millimeter und Transparentpapier, Stifte und Kamera.

SCHRITT 1

Sammeln Sie alle Zeichnungen oder Fotos. Ist das Gebäude relativ groß, bietet es sich an, bereits existierende Pläne bei der örtlichen Baubehörde anzufordern, beim Eigentümer zu entleihen oder in Archiven nach alten Plänen zu suchen. Obwohl diese Informationen hilfreich sind, müssen Sie trotzdem auch vor Ort Vermessungen durchführen, um die Korrektheit zu überprüfen.

SCHRITT 2

Vereinbaren Sie einen Besichtigungstermin. Sorgen Sie rechtzeitig dafür, dass Ihnen Zutritt gewährt wird. So sparen Sie Zeit und vermeiden Verzögerungen. Planen Sie ausreichend Zeit ein, mindestens einen halben Tag, damit Sie nicht ein zweites Mal eine Besichtigung vor Ort durchführen müssen.

SCHRITT 3

Erstellen Sie ein Programm für Ihre Besichtigung vor Ort. Bevor Sie mit der Bemaßung beginnen, nehmen Sie sich Zeit für einen Rundgang durch das Gebäude, um Größe, Form und Proportionen der Räume aufzunehmen.

Notieren Sie alles, was die Bemaßung stören könnte, etwa große Geräte oder Möbel. Möglicherweise ist ein zweiter Besichtigungstermin nötig, wenn beim ersten Besuch nicht alle Vermessungen durchgeführt werden können.

SCHRITT 4

Bereiten Sie Freihandzeichnungen vor. Vor Beginn der Vermessung mit dem Maßband benötigen Sie einige Grundrisse und Schnitte, in die Sie Ihre Maße aufnehmen können. Schreiten Sie als Erstes den Raum ab, um das Verhältnis von Länge zu Breite zu ermitteln. Zeichnen Sie diese dünnen Richtlinien ohne Details in Ihren Plan ein. Vermessen Sie alle wichtigen Elemente wie Fenster, Türen, Kamine, Schränke, Stufen und Heizkörper.

Vervollständigen Sie Ihre Skizze, indem Sie diese Elemente in der korrekten Position auf den Richtlinien einzeichnen. Alle wichtigen, oberhalb der Schnittlinie liegenden Strukturen wie Balken werden gestrichelt eingetragen. Den Normen entsprechend markieren lang gestrichelte Linien Daten oberhalb des Schnittpunkts und kurz gestrichelte Linien Elemente, die unter oder hinter anderen verborgen liegen. Erfassen Sie genau jede Konstruktion. Achten Sie auf Stütz- und Trennwände sowie die Verbindung von Balken mit tragenden Wandvorsprüngen. Notieren Sie die Ausrichtung der Fußbodenbretter und tragen Sie mithilfe eines Kompasses oder einer Karte Norden ein. Dies ist entscheidend für die Wirkung von Lichtquellen auf den Raum.

Vermessen Sie mehr als ein Geschoss, müssen Sie die Beziehungen zwischen den Räumen und zwischen den einzelnen Stockwerken zeigen. Legen Sie zur Orientierung Transparentpapier über den Erdgeschossplan, um darüber- bzw. darunterliegende Stockwerke zu zeichnen. In der Regel können Sie architektonische Charakteristika wie Wände, Fenster und Treppen gut durchpausen. Diese Details dürfen Sie niemals schätzen – sie müssen immer genau vermessen werden. Zeichnen Sie Schnitte vom günstigsten Standpunkt für die imaginäre Schnittlinie aus. In den fertigen Plänen wird diese Position stets mit Schnittpfeilen gekennzeichnet.

SCHRITT 5

Ergänzen Sie Ihre Zeichnungen vor dem Vermessen mit Maßlinien. Sie sparen Zeit und stellen sicher, dass Sie die notwendigen Maße richtig aufnehmen. Platzieren Sie die Maßlinien um den Plan herum und verfahren Sie mit laufenden Maßen im Uhrzeigersinn.

SCHRITT 6

Eine korrekte Bemaßung führen Sie am besten zu zweit durch: Eine Person hält das Ende des Maßbands und notiert die Daten, während die andere Person das Band ausrollt, vermisst und die Maße, die zur Bestätigung wiederholt werden, ausruft.

Die Kettenbemaßung ergibt die wichtigsten Daten. Diese Längenmaße werden ab einem bestimmten Punkt, üblicherweise einer Raumecke, bis zur am weitesten entfernten Raumecke gemessen und aufaddiert. Sie ergeben die Gesamtlänge jeder Wand. Messen Sie Aussparungen mit dem Zollstock und Details in Fensteröffnungen mit dem Taschenmaßband. Ermitteln Sie die Bezugsposition von Tür und Fensteröffnungen und großen Strukturen wie Ziegelpfeilern und Kaminen durch Anwendung der Kettenbemaßung, bevor Sie kleinere Maße aufnehmen.

Sind die Räume nicht rechteckig, müssen Sie diagonal von den Ecken aus messen, um die Winkel der Wände zu ermitteln. Die Maße werden auf diagonalen Linien im Freihandgrundriss vermerkt. Tragen Sie die Daten sehr sorgfältig in Ihre Zeichnungen ein. Notieren Sie Maße in Millimetern und Metern, nicht in Zentimetern. Markieren Sie Anfang und Ende der Kettenbemaßung.

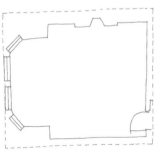
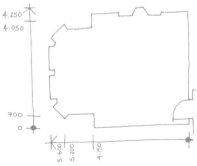

FREIHANDGRUNDRISS ←

Schreiten Sie den Raum ab, zeichnen Sie eine Freihandskizze und erarbeiten Sie die Umrisszeichnung mit der Position aller Elemente, bis Sie einen genauen Grundriss erhalten. Tragen Sie nun alle Kettenbemaßungen ein.

EINHEIT 09

TECHNISCHES ZEICHNEN

Auf den ersten Blick wirkt technisches Zeichnen kompliziert. Doch wer die Grundlagen des Entwerfens einmal beherrscht, ist schnell in der Lage, präzise technische Zeichnungen anzufertigen. Die folgenden Schritte illustrieren die einzelnen Abschnitte beim Entwerfen der Grundrisszeichnung.

ZIELE

- Einführung in die Techniken der Architekturzeichnung
- Vertiefung des technischen Zeichnens
- Einführung in Maßstab und Proportion

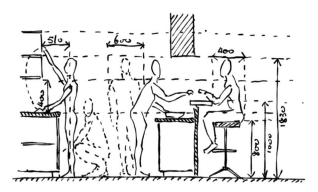

DER PLAN ↑

Der fertige Plan ist eine exakte Darstellung der Maße und zeigt auch die Aufteilung des Raumes.

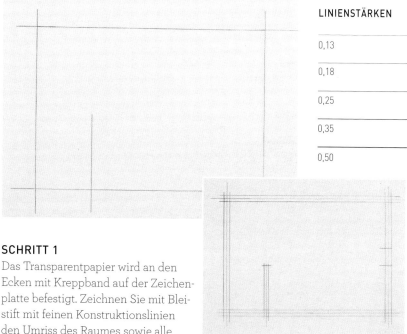

LINIENSTÄRKEN

0,13

0,18

0,25

0,35

0,50

SCHRITT 1

Das Transparentpapier wird an den Ecken mit Kreppband auf der Zeichenplatte befestigt. Zeichnen Sie mit Bleistift mit feinen Konstruktionslinien den Umriss des Raumes sowie alle Wände. Die horizontalen Striche werden mit der Zeichenschiene gezogen, die vertikalen Striche entlang der Kathete des auf der Zeichenschiene aufgesetzten Zeichendreiecks. Platzieren Sie die Zeichnung in der Blattmitte, damit Platz für zusätzliche Daten wie Markierungen, Schriftfelder, Maßstab und Legende bleibt.

SCHRITT 2

Zeichnen Sie mit stärkeren Linien über den Konstruktionslinien die Position und Dicke tragender Wände sowie Strukturelemente wie Stützen und Pfeiler ein.

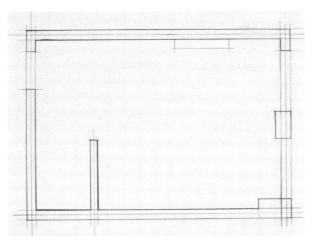

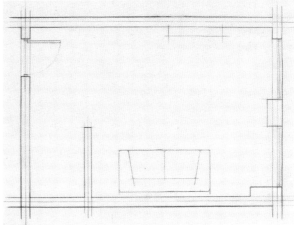

SCHRITT 3

Arbeiten Sie nun die Hauptelemente heraus, indem Sie Tür und Fensteröffnungen, Kamine und Treppen markieren. Die Linienstärke markiert die Öffnungen.

SCHRITT 4

Eine Linie mittlerer Stärke verkörpert Details nicht struktureller Elemente wie Türen und Stufenauftritte oder Möbel. Die feinste Linie ist Mikrodetails wie Fliesen, Dielen, Glasscheiben und Türaufschlägen vorbehalten.

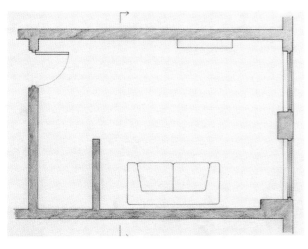

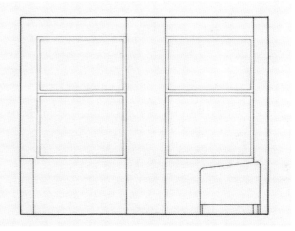

SCHRITT 5

Decken Sie die Bleistiftzeichnung nach der Fertigstellung mit einem weiteren Bogen Transparentpapier ab und extrahieren Sie den eigentlichen Plan mit korrekter Linienstärke in Tusche. Füllen Sie zur grafischen Abhebung die Wände mit Farbe, damit jeder Betrachter den Raum sofort visualisiert.

SCHRITT 6

Konstruieren Sie anhand der Höhen und Längenangaben des Grundrisses einen Schnitt. Vervollständigen Sie die Zeichnung mit den vertikalen Maßen, die Sie den Notizen Ihrer Bemaßung entnehmen. Die Grundsätze der Linienstärken finden bei Längs- wie bei Querschnitten gleichermaßen Anwendung.

EINHEIT 10

PRÄSENTATIONSMODELLE

ZIELE
· Einführung in Modellbautechniken
· Grundlagen der Konstruktion
· Bau eines Modells

Präsentationsmodelle sind ein ausgezeichnetes Mittel, einen fertigen Entwurf zu kommunizieren. Mit einem Modell veranschaulichen Sie Ihr Design und begeistern einen potenziellen Kunden dafür. Mithilfe einfachster Werkzeuge und Materialien lernen Sie, ein professionelles Modell zu bauen, das Ihre Idee transportiert. Dieses Kapitel begleitet Sie durch die einzelnen Bauabschnitte, führt Sie in Konstruktionsgrundlagen ein und bietet wertvolle Tipps für realistische Texturen und Finishes.

Modelle sind aus vielerlei Gründen nützlich: Mit Arbeitsmodellen ergründen und generieren Designer Ideen, sie experimentieren mit Materialien oder Formen, oder sie probieren einfach verschiedene Möglichkeiten aus. Die wirkungsvollste Methode, einem Kunden einen Entwurf vorzustellen, ist zweifelsohne das Präsentationsmodell.

DREIDIMENSIONAL ↓
Die Betonelemente dieses Modells stehen in einem transparenten Kasten aus Acryl, um den fließenden Effekt der Galerien überzubetonen.

VORBEREITUNG
Für den Modellbau benötigen Sie zwei maßstäbliche Zeichnungen – einen Grundriss und einen Schnitt. Diese bilden die Grundlage für Ihr Modell. Verwenden Sie die in Einheit 03 spezifizierten Werkzeuge: Einen Cutter mit scharfen Klingen für leichte bis mittlere Schnitte sowie einen Kunststoffcutter und ein Skalpell, zusätzlich einen Winkel (100 mm) und ein Stahllineal. Die Klebstoffe variieren je nach Verwendung: Kleben Sie Kanten auf Sichtfugen mit Weißleim oder Hartkleber, Flächen auf Sichtfugen mit unlöslichem Sprühkleber, doppelseitigem Klebeband oder Reaktionsklebstoff.

FARBE, TEXTUR UND OBERFLÄCHE
Maßstäbliche Modelle verkörpern die Sicht auf die Realität aus der Distanz, der „Vogelperspektive". Farben wirken aus der Ferne blauer und blasser als aus der Nähe. Verwenden Sie daher beim Modellbau nicht die kräftigen Farben des Originals. Tragen Sie Farben nicht auf, sondern wählen Sie einfarbige Materialien. Papier und Pappe sind in vielen Farben, Texturen und Oberflächen erhältlich, die sich ausgezeichnet für Ihre Zwecke eignen. Alternativ können Sie z. B. mit Wasserfarben Ihr eigenes farbiges Papier herstellen.

Glattes Papier – je nach Bedarf weiß oder farbig – oder Foamboard repräsentieren sehr gut Maueroberflächen mit glattem Putz. Rauputz lässt sich mit Aquarellpapier darstellen, das es in vielen Texturen zu kaufen gibt. Die Wirkung von Ziegeln erzielen Sie, wenn Sie weiße oder cremefarbene Linien horizontal im Abstand von 75 mm auf einem Papier ziehen, das etwas matter ist als die tatsächliche Farbe der Ziegel. Fliesen deuten Sie an, indem Sie mit einer stumpfen Spitze, einer leeren Kugelschreibermine oder der Ecke einer Spachtel ein regelmäßiges Raster in einen weißen Karton ritzen. Wenn Sie diesen nun leicht mit einem Buntstift

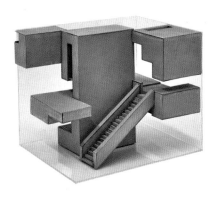

schraffieren, entstehen weiße Fugen – oder farbige Fliesen. Beton oder Steineffekte erzielen Sie, wenn Sie Balsaholz mit weißer oder hell gefärbter Gouache behandeln. Vergessen Sie nicht, die Rückseite mit Wasser zu bestreichen, da sich das Holz sonst verwirft. Holzeffekte sind nur schwer maßstabsgetreu nachzubilden, die Maserung von Balsa- und Birkenholz ist aber fein genug, um andere Hölzer zu ersetzen. Dunklere Holzfarben erhalten Sie durch dünnes Auftragen von Wasserfarbe. Verzichten Sie auf Beize, da diese zu stark absorbiert wird und andere Teile des Modells beschädigt.

BODENPLATTE

Das Modell wird auf einer ebenen, steifen Bodenplatte gebaut. Das gängigste, stabilste Material ist eine mitteldichte Faserplatte (MDF). Anders als Pappe, Foamboard oder Sperrholz bleibt sie glatt und rollt sich nicht auf. Für ein Modell mit 300 mm² eignet sich eine 6 mm starke MDFPlatte, 12 mm sind angebracht für ein 600-mm²-Modell. Bevor Sie das Modell bauen, müssen Sie die Platte mit dem Material bedecken, das Ihre Bodenoberfläche repräsentiert. Schneiden Sie das gewählte Papier etwas größer als die Platte. Besprühen Sie Papier und Platte gleichmäßig mit Sprühkleber. Legen Sie mit Ihrer linken Hand die eine und mit Ihrer rechten Hand die andere Ecke des Papiers auf die Ecken des Bodens. Streichen Sie das Blatt mit der linken Hand vorsichtig glatt, bis das ganze Blatt festklebt. Achten Sie darauf, dass sich keine Luftblasen bilden. Drehen Sie die Platte um und trennen Sie die überstehenden Ränder mit einem scharfen Skalpell ab. Für einen Holzfußboden können Sie ein Furnierblatt (hauchdünnes Holz) direkt auf die Platte legen und mit einem starken Reaktionsklebstoff fixieren. Der Klebstoff wird auf beide Oberflächen aufgebracht. Sobald er leicht angetrocknet ist, werden beide Materialien fest zusammengedrückt. Dieser Klebstoff ist ideal für das Verbinden von Flächen. Allerdings können gesundheitsschädigende Dämpfe entstehen – achten Sie daher auf gute Belüftung.

GRUNDRISS

Ritzen Sie den Grundriss mit einem Skalpell entweder direkt von der Vorlage auf den Boden oder übertragen Sie die Maße durch leichte Einkerbungen und Punkte sorgfältig mit einem Lineal. Zeichnen Sie nicht die Linien direkt auf die Platte, da die Striche im Gesamtbild des Modells irritieren.

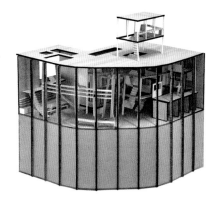

MÖGLICHST VIELE DIMENSIONEN ↑
Modelle bringen Zeichnungen zum Leben und werden so zum zentralen Element der Kundenpräsentation.

BODEN-GESTALTUNG ←
Die Platte wird mit dem Bodenmaterial beklebt.

FIXIEREN DER OBERFLÄCHE ←
Das Papier wird mit Klebstoff besprüht, eine Kante aufgelegt und das Blatt zum Entfernen der Luftblasen glatt gestrichen.

WÄNDE

Benutzen Sie immer Materialien, die leicht zu schneiden, zu fixieren und zu verbinden sind. Pappe, Foamboard, Balsaholz und Acrylplatten erfüllen diese Kriterien. Verzichten Sie auf Metall, Harthölzer, Gips oder Stein, da diese Stoffe schwierig zu verarbeiten sind und im Modell fehl am Platz wirken. Stellen Sie diese Materialien mit farbigem oder strukturiertem Papier dar. Bereiten Sie die Wände vor, indem Sie das Papier mit Sprühkleber auf die Pappe oder das Foamboard kleben. Vermessen Sie die Wände und schneiden Sie mithilfe des Winkels mehrere Streifen des Wandmaterials von gleicher Länge und Höhe auf einmal aus. Diese Methode eignet sich besser, als jede Wand einzeln zu bemessen und zu schneiden: Die Exaktheit von allen Maßen und Winkeln ist so garantiert.

KLEBSTELLEN

Verbinden Sie Wände mit einer versteckten Stoßverbindung. Hierzu eignet sich am besten Foamboard. Schneiden Sie die Wand auf ihre Länge zu und ziehen Sie den Winkel um die Stärke eines Foamboardblatts zurück. Halten Sie das Skalpell mit dem Zeigefinger auf der Klingenseite, um die Schnitttiefe zu kontrollieren. Schneiden Sie vorsichtig durch die oberste Papierschicht und das Styropor, ohne die untere Papierschicht zu verletzen. Mit der Kante eines separaten Foamboards und dem Skalpell kann nun das überschüssige Papier und Styropor entfernt werden. Kratzen Sie das restliche Styropor von der unteren Papierschicht ebenfalls mit einem separaten Foamboard ab.

1. MATERIALVORBEREITUNG

Umhüllen Sie Ihre Materialen mit farbigem oder strukturiertem Papier (oben).

2. SCHNEIDEN DER STOSSVERBINDUNG

Schneiden Sie vorsichtig durch Papier und Styropor. Kontrollieren Sie die Schnitttiefe mit dem Zeigefinger auf der Klingenseite.

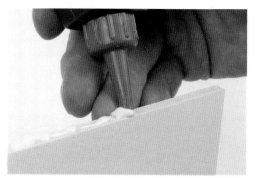

3. HERSTELLUNG DES FALZES

Entfernen Sie einen Streifen Pappe oder Foamboard, um einen Falz für die versteckte Stoßverbindung zu erhalten.

4. UND 5. KLEBEN

Tragen Sie den Klebstoff hauchdünn auf und wischen Sie den Rest ab.

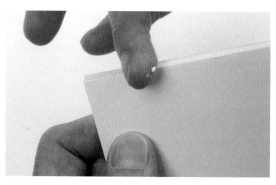

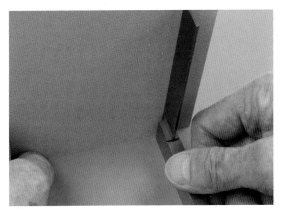

6. AUFBAU DES MODELLS

Errichten Sie das Modell direkt auf der Platte. Fixieren Sie die Wände mit einem Winkel, während der Klebstoff trocknet.

KONSTRUKTION

Errichten Sie nun das Modell auf der Platte. Es hat sich bewährt, nicht erst alle Wände zusammenzufügen und dann auf die Platte aufzusetzen, sondern Wand für Wand zu bauen. Kleben Sie die erste Wand mit Weißleim. Fixieren Sie die Wand mit einem Winkel vertikal, bis der Kleber trocken ist. Nun wird die nächste Wand im rechten Winkel angebracht. Tragen Sie den Leim hauchdünn auf, kleben Sie die Wand an Ihre erste Wand und auf den Boden und fixieren Sie diese während des Trocknens wieder mit dem Winkel. Verfahren Sie mit allen Wänden nach dem gleichen Muster.

GESCHWUNGENE WÄNDE

Wände werden gebogen, indem Sie die Haut der Pappe oder des Foamboards an der Außenseite der Krümmung einschneiden. Schneiden Sie mit dem Zeigefinger auf der Klingenseite des Skalpells parallel einige gleich lange Schlitze. Verletzen Sie nicht die Außenschicht auf der anderen Seite. Ziehen Sie das Skalpell behutsam durch jeden Schnitt, um sicherzugehen, dass alle gleich tief sind. Der Werkstoff lässt sich nun leicht biegen. Die sich öffnenden Schlitze können Sie mit Papier abdecken und die Krümmung mit Sprühkleber fixieren.

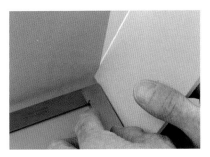

7. Positionieren Sie die nächste Wand.

8. Korrigieren Sie die Winkel.

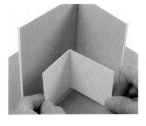

9. DAS NÄCHSTE STOCKWERK

Ermitteln Sie die Deckenhöhe. Schneiden Sie Pappe passgenau, falten und stellen Sie sie senkrecht.

10. So erhalten Sie eine passgenaue Stütze für den Etagenboden.

11. Kleben Sie den Etagenboden mit Weißleim fest. Entfernen Sie die Stütze, sobald der Kleber trocken ist.

12. SCHLITZE FÜR GESCHWUNGENE WÄNDE

Halten Sie das Skalpell zum Schneiden gleichmäßiger Schlitze mit dem Zeigefinger auf der Klingenseite.

13. Pappe oder Foamboard lassen sich nun leicht biegen.

FENSTER

Für ein Fenster benötigen Sie eine Öffnung in der Wand. Zeichnen Sie die Maße mit einem 5H-Bleistift leicht ein. Schneiden Sie von einer Fensterecke bis fast zur anderen. Verfahren Sie auf jeder Fensterseite ebenso, schneiden Sie aber nicht zu weit, sodass das ausgeschnittene Material noch an den Ecken hängt. Durchtrennen Sie nun vorsichtig die Ecken, um das Material endgültig aus der Öffnung herauszulösen.

Die Verglasung muss genauso groß sein wie die Fensteröffnung. Die beste Methode für Ihren Einbau ist eine „Sandwich"-Konstruktion. Zuerst wird das Fensterglas aus Acetat oder 1 mm starkem Acryl auf die Größe der gesamten Wand zugeschnitten. Dann wird die Innenwand mit der Öffnung aus Papier, Pappe oder Foamboard geschnitten, anschließend die Außenwand inklusive Fenster. Zum Schluss kleben Sie das Sandwich mit doppelseitigem Klebeband zusammen.

TREPPEN

Nachdem Sie Ihre Treppe designt haben (Einheit 07: Konventionen der Architekturzeichnung), konstruieren Sie eine einfache, präzise Schablone aus zwei Treppenwangen, die Sie mit Pappe trennen. Diese Konstruktion bildet die Struktur einer einfachen Treppe, dient als zeitweilige Stütze für eine freitragende Treppe oder kann auf den Mittelträger reduziert werden – eine einfache Methode, die sich für fast alle Treppen eignet.

14. BAU EINES FENSTERS

Sie Innen und Außenwand. Schneiden Sie das Acetat oder Acryl auf die Größe der Wand zu.

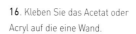

15. ZUSAMMENSETZEN

Kleben Sie doppelseitiges Klebeband auf beide Wände.

16. Kleben Sie das Acetat oder Acryl auf die eine Wand.

17. Das fertige Fenster.

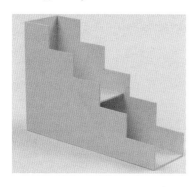

18. Konstruieren Sie aus zwei Treppenwangen eine Schablone.

19. Erst die Setzstufen befestigen …

20. … dann die Stufenauftritte.

21. Die fertige Treppe.

22. Bei einer freitragenden Treppe fixieren Sie die Stufen mit der Schablone, solange der Leim trocknet.

WENDELTREPPE

Zeichnen Sie für den Bau einer Wendeltreppe den Treppenplan auf Pappe. Schneiden Sie aus einem Kreis die einzelnen Stufen. Bauen Sie eine Pappschablone als horizontale Halterung für die Spindel. Markieren Sie die Setzstufen auf der Spindel. Schneiden Sie nun einen Schnabel für das Spindelloch und kleben Sie die Stufen vorsichtig mit Hartkleber an die Spindel. Nach dem Trocknen drehen Sie die Spindel und kleben die nächsten Stufen auf.

23. Schneiden Sie einen Schnabel für die Spindel.

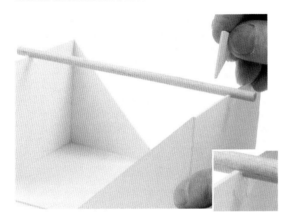

24. Befestigen Sie die Spindel mit doppelseitigem Klebeband auf der Schablone und kleben Sie vorsichtig die Stufen an.

25. Nach dem Trocknen drehen Sie die Spindel und kleben die nächsten Stufen auf.

DREIDIMENSIONALE BÖGEN

Der Bau von räumlichen und dreidimensionalen Elementen gestaltet sich schwierig, verwenden Sie daher am besten vorgefertigte Formen. Es gibt Spezialanbieter für Modellbau, und einige Werkstätten fertigen gegen Gebühr Stücke nach Maß an. Alternativ können Sie aus Gips oder mit Glasfaser verstärktem Kunstharz Ihre eigenen Formen gestalten, mit einem Trennmittel wie Seife bestreichen und mit in Klebstoff getränktem Seidenpapier umwickeln.

BLUME, FELSEN UND WASSER

Bäume werden aus Draht geformt, Korkrinde vom Floristen ergibt hervorragende Klippen und Felsen. Jede glänzende Oberfläche – Glanzpapier, Lack oder Acryl – kann Wasser darstellen. Je dunkler das Material, desto besser die Reflektion. Beachten Sie, dass Wasser meist nur an Sonnentagen blau aussieht.

MODELLE FOTOGRAFIEREN

Fotografieren Sie immer Ihr Modell. Die Bilder illustrieren ausgezeichnet Präsentationsentwürfe und lassen sich gut archivieren, wenn Ihr Modell in die Jahre kommt oder Schaden nimmt. Die Fotos wirken am realistischsten, wenn sie den Eindruck einer Betrachtung in Augenhöhe im Stehen erwecken. Projizieren Sie die Augenhöhe maßstäblich auf das Modell – so erhalten Sie Bilder, die den menschlichen Maßen Rechnung tragen. Experimentieren Sie mit natürlichem Licht und Kunstlicht für Tag- und Nachtaufnahmen des Raumes. Arbeiten Sie mit unterschiedlichen Weitwinkelobjektiven und verändern Sie die Kompositionen innerhalb jedes Rahmens leicht, um kreative Bilder zu erhalten. Schwarzweißfilme und sorgfältige Ausleuchtung fördern scharfe Kontraste. Farbfilme bei natürlichem Licht liefern realistische Fotos.

EINHEIT 11

AXONOMETRIE UND PERSPEKTIVE

ZIELE

· Konstruktion dreidimensionaler Zeichnungen
· Anwendung von Zeichenkonventionen
· Konstruktion einer technischen Zeichnung

Dreidimensionale Zeichnungen sind naturgemäß realistische Darstellungen von Raum. Mit ihrer Hilfe können wir Raum auf Papier effektiv gestalten und die räumlichen Qualitäten eines Ortes erfassen. In diesem Kapitel wird die Konstruktion dreidimensionaler Zeichnungen in ihrer logischen Abfolge erklärt und als Instrument zum besseren Verständnis von Raumdesign vorgestellt.

Die Elemente werden auseinander gezogen, wobei eine Strichpunktlinie die Bewegung und Position der Ablösung markiert – aufwärts, abwärts oder seitwärts entlang der Achsen.

PRÄSENTATION IM GANZEN →

Diese isometrische Axonometrie eines Büros wird zusammen mit Entwurfsangaben, Bildern und zweidimensionalen Zeichnungen präsentiert, um das Designkonzept für den Kunden zu veranschaulichen.

Eine axonometrische Zeichnung kann durch Rendering intensiviert werden. Farbige Elemente visualisieren verschiedene Materialbeziehungen und beschreiben die Aufteilung von Räumen.

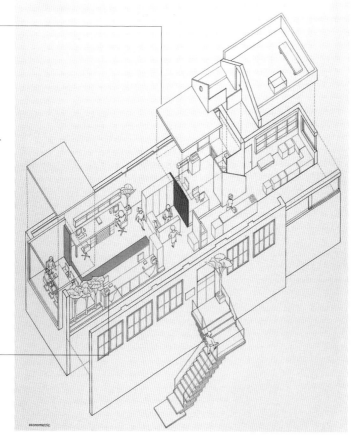

axonometric

AXONOMETRIE

Die axonometrische Zeichnung ermöglicht die Darstellung von Grundriss, Schnitt und Aufriss in einer Zeichnung. Diese Zeichnung ähnelt einer Modellansicht von oben, sodass der gesamte Entwurf auf einen Blick erfasst wird. Eine axonometrische Zeichnung ist leicht zu konstruieren: Jeder Punkt des Grundrisses wird auf eine gegebene Ebene projiziert. Alle Höhen, Breiten und Längenangaben werden den fertigen Schnitt und Grundrissansichten entnommen. Die Axonometrie wird durch die Verwendung variierender Achsen des Grundrisses erzeugt, wobei die Winkel in der Regel 45°/45°, 60°/30° oder 90° betragen. Die Summe beträgt bei jeder Achse stets 90°.

SCHRITT 1 Vorbereitung der axonometrischen Darstellung

Der in Einheit 09 gezeichnete Grundriss wird nun axonometrisch dargestellt. Legen Sie den Plan so auf die Zeichenplatte, dass die Seitenlinien im 45°-Winkel zur Zeichenschiene verlaufen. Prüfen Sie die korrekte Lage des Planes, bevor Sie ihn mit Klebeband an jeder Ecke auf der Platte fixieren. Legen Sie nun einen großen Bogen Transparentpapier über den Grundriss, der mittig unter dem Transparentpapier liegen sollte.

SCHRITT 2 Höhen projizieren

Beginnen Sie mit dem Skizzieren der drei Hauptachsen im Uhrzeigersinn. Ziehen Sie die Grundlinie nach und projizieren Sie die Wände bis zur Deckenhöhe des verwendeten Maßstabs. Vergewissern Sie sich, dass Ihr Zeichendreieck korrekt auf der Zeichenschiene aufsitzt, und ziehen Sie alle vertikalen Linien. Mit der Zeichenschiene erstellen Sie die horizontalen Linien. Ziehen Sie die Linien nie „gegen den Strich", sondern stets von oben nach unten bzw. von links nach rechts.

SCHRITT 3 Ausziehen in Tusche

Nachdem Sie die axonometrische Zeichnung mit Bleistift skizziert haben, werden die Linien anschließend in Tusche ausgezogen. Zeichnen in Tusche erfordert Geschick, Können und Geduld – übereilen Sie daher nichts. Arbeiten Sie von links nach rechts und von oben nach unten, um ein Verwischen zu vermeiden und die Tusche trocknen zu lassen, während Sie weiterzeichnen. Feinheiten und Details erzielen Sie wie bei Schnitten und Plänen mit unterschiedlichen Strichstärken (*siehe* Einheit 07: Konventionen der Architekturzeichnung).

ANDERE VERWENDUNGEN →

Eine axonometrische Zeichnung dient auch der Erforschung anderer Ideen wie zum Beispiel der Laufwege in einem Raum.

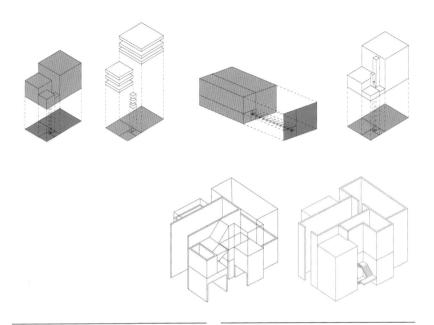

WIRKUNGSEFFIZIENZ ↑

Eine gute axonometrische Darstellung kommuniziert und projiziert die räumlichen Qualitäten eines Entwurfs: Sie zeigt das Gesamtlayout des Raumes und stellt zugleich die Materialverwendung und die durch Lichteffekte erzielte Stimmung dar.

EBENEN IM EXPLOSIONSBILD ↘

Ein Plan für ein Haus wird in drei Teile zerlegt, um die Aktivitäten zu zeigen, die drinnen stattfinden. Das Obergeschoss wird auseinander gezogen, um die Schlafzimmer zu zeigen, die auch über die Wohnzimmer in der Ebene darunter projiziert werden.

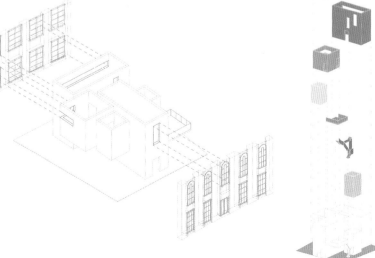

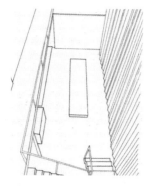

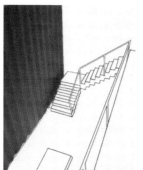

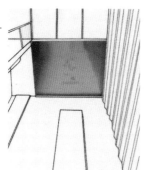

PERSPEKTIVE →
Eine Perspektivensequenz
zeigt unterschiedliche
Blickwinkel und vermittelt
so den Eindruck eines
zweistöckigen Raumes.

PERSPEKTIVE

Die Perspektive bietet in Form dreidimensionaler Darstellungen die realistischste
Ansicht, da sie uns physisch im Raum platziert und uns zeigt, was wir tatsächlich
sehen würden. Perspektivisches Zeichnen basiert auf dem Blickwinkel des
Betrachters an einer bestimmten Position im Raum sowie dessen jeweiliger
Augenhöhe.

SCHRITT 1 Vorbereitung der Perspektive

Platzieren Sie den Grundriss und den ausgewählten Aufriss nebeneinander auf
der Zeichenplatte. Lassen Sie zwischen den Zeichnungen ausreichend Raum für
die Perspektive. Legen Sie ein Blatt Transparentpapier über Grundriss und Aufriss und ziehen Sie den Aufriss nach.

SCHRITT 2 Augenhöhe

Die Augenhöhe einer stehenden Person – und somit der Horizont in der Perspektive – wird bei 1,5 m gezeichnet, doch je nachdem, was Sie darstellen wollen, kann
die Höhe beliebig gewählt werden. Wollen Sie mehr vom Boden zeigen, müssen
Sie die Augenhöhe in der Perspektive höher ansetzen, bei einer Deckendarstel-
lung ist eine Augenhöhe im Sitzen zu bevorzugen.

SCHRITT 3 Position des Betrachters

Beim perspektivischen Zeichnen eines Raumes können Sie den Blick von einer
Seite, aus der Raummitte oder von der gegenüberliegenden Seite illustrieren.
Diese Position wird als Standpunkt bezeichnet. Wählen Sie eine Position, zeich-
nen Sie diese im Grundriss ein und ziehen Sie eine Linie bis zum Aufriss durch.
Die Schnittstelle zwischen dem Horizont in Augenhöhe und der vom Stand-
punkt ausgehenden Linie ergibt den Fluchtpunkt.

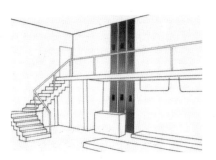

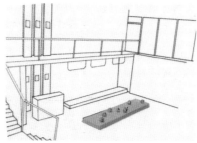

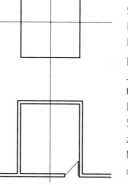

AUFRISS ←
Der Horizont wird ent-
sprechend markiert. Die
Schnittstelle zwischen
Horizont und Standpunkt-
linie ergibt den Flucht-
punkt.

GRUNDRISS ←
Der Grundriss zeigt den
Standpunkt sowie die bis
zum Aufriss verlängerte
Mittellinie zur Ermittlung
des Fluchtpunkts.

SCHRITT 4 Blickwinkel

Der Blickwinkel bezeichnet den Bereich, den wir mit dem Auge sehen. Achten Sie daher auf den korrekten Standpunkt. Nehmen Sie nun einen Winkel von 60° und zeichnen Sie je 30° auf beiden Seiten der vom Betrachter aus gezogenen Mittellinie im Grundriss ein. Alles, was in diesen Blickwinkel fällt, lässt sich perspektivisch darstellen, alles, was außerhalb liegt, wird gekrümmt.

Ziehen Sie auf einem neuen Blatt Transparentpapier eine senkrechte Linie. Tragen Sie auf jeder Seite dieser Normalen einen 30°-Winkel ein. Legen Sie das Blatt entlang der Achse vom Standpunkt aus auf den Grundriss. Sie können diese Achse über den Grundriss hinaus verlängern, aber der Blickwinkel muss alles enthalten, was Sie perspektivisch darstellen wollen. Markieren Sie den Betrachter im Grundriss. Ziehen Sie vom Fluchtpunkt aus eine Linie durch jede Ecke des Aufrisses, um die Decke, die Wände und den Boden Ihrer Perspektive zu konstruieren.

SCHRITT 5 Zeichnen des Objekts

Für das Konstruieren des Objekts benötigen Sie Informationen über seine Höhe, Breite und Tiefe. Die Objektbreite wird vom Grundriss auf die Grundlinie des Aufrisses übertragen. Verbinden Sie die Punkte auf dieser Linie mit dem Fluchtpunkt und projizieren Sie diese in die Perspektive. Sie erhalten die Breite des Objekts in der Perspektive. Die Höhe wird mithilfe einer der beiden folgenden Methoden maßstäblich in den Aufriss eingezeichnet: Orientieren Sie sich an den Bezugspunkten für die Breite und übertragen Sie die Höhe nach oben. Verbinden Sie die Höhe mit dem Fluchtpunkt und projizieren Sie sie in die Perspektive. Sie können aber auch die rechte Ecke des Aufrisses als Orientierungslinie nehmen. Messen Sie die Objekthöhe maßstäblich entlang dieser Linie und verbinden Sie sie mit dem Fluchtpunkt. Projizieren Sie die Höhe entlang der Seitenwand in die Perspektive. Ungeachtet der Methode werden Höhe und Breite immer mit dem Fluchtpunkt verbunden und in die Perspektive projiziert.

Tiefe erzielen Sie durch die Konstruktion einer Messlinie. Messen Sie im Grundriss den Abstand zwischen dem Betrachter und der Wand, von der der Aufriss gefertigt wurde. Übertragen Sie das Maß auf die Verlängerung der Aufrissgrundlinie und ziehen Sie die Messlinie. Fällen Sie ein Lot auf den Horizont, um den Messpunkt (MP) zu erhalten.

FOTOS ↓
Fotografische Perspektiven sind eine gute Möglichkeit, um den Fluchtpunkt exakt zu ermitteln.

BLICKWINKEL ↓
30° auf jeder Seite des Standpunkts ergeben den Blickwinkel, der zeigt, was in der Perspektive dargestellt wird.

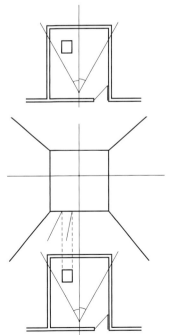

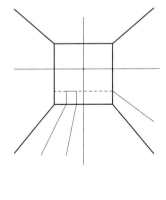

Die Breite des Objekts wird vom Grundriss auf die Aufrissgrundlinie übertragen. Die Verbindung mit dem Fluchtpunkt projiziert die Linien in die Perspektive.

Höhe wird maßstäblich gezeichnet, indem entweder die Bezugspunkte der Breite oder der Aufriss als Orientierungslinie verwendet werden.

Messen Sie nun den Abstand zwischen dem Objekt und der Rückwand sowie die Tiefe des Objekts. Übertragen Sie diese Maße, ausgehend vom Aufriss, auf die Messlinie (Punkte B und C). Ziehen Sie zwei Konstruktionslinien vom MP durch B und C bis auf die untere Ecke der Seitenwand. Von diesen Punkten aus ziehen Sie horizontale Linien bis zu den Breitenlinien in der Perspektive. Sie haben Breite und Tiefe in die Perspektive projiziert.

SCHRITT 6 Hinzufügen der Höhe

Mit der Höhe vervollständigen Sie die Perspektive. Haben Sie die Höhe im Aufriss anhand der Breitenpunkte markiert, verbinden Sie nun in der Perspektive alle vier Ecken des Objekts mit den Höhenlinien.

Wenn Sie die Ecke des Aufrisses als Orientierungslinie nehmen und die Höhe an die Seitenwand der Perspektive projiziert haben, ziehen Sie die Normalen von den Bezugspunkten an der Seitenwand hoch bis zur Höhenlinie. Zeichnen Sie von diesem Punkt zwei horizontale Linien über die Perspektive. Verbinden Sie alle

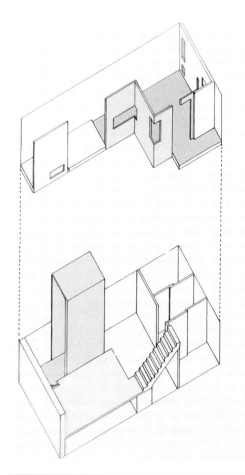

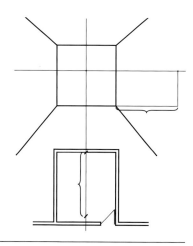

ABSTAND ↑
Der Abstand zwischen Objekt und Rückwand wird auf die Messlinie übertragen.

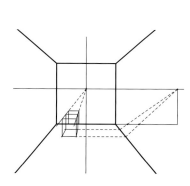

HÖHE, BREITE, TIEFE ↑
Der Fluchtpunkt dient dazu, die Höhe zu verbinden, der Messpunkt liefert Abstand und Tiefe.

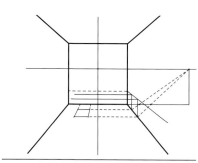

KONSTRUKTIONSLINIE ↑
Eine Konstruktionslinie vom Messpunkt in die Perspektive ergibt Abstand und Tiefe.

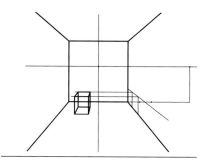

FERTIGE PERSPEKTIVE ↑
Alle vier Ecken des Objekts werden abschließend mit der Höhenlinie in der Perspektive verbunden.

VISUELLE HILFE ↑
Axonometrische Darstellungen sind vergleichbar mit Modellen – sie gewähren uns eine unnatürliche Ansicht von oben. Wird die Axonometrie zusammen mit 2D-Zeichnungen präsentiert, erweist sie sich als wertvolle Hilfe zur Visualisierung materieller Eigenschaften von Strichzeichnungen.

vier Ecken des Objekts in der Perspektive mit der Höhenlinie. Verbinden Sie nun die vier Schnittpunkte auf den Höhenlinien. Alle Objekte können so perspektivisch dargestellt werden.

Diese Grundregeln gelten für die Konstruktion aller Perspektiven – von einer schnellen Skizze bis hin zur exakten Maßstabszeichnung, vom einzelnen Objekt bis zu ganzen Räumen.

BLICKWINKEL →

Der Blickwinkel zeigt den Bereich, den das Auge klar erfasst. Hier illustriert der Blickwinkel den Sichtbereich im Stehen.

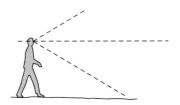

AUGENHÖHE STEHEND →

Im Stehen ist die Augenhöhe in der Perspektive kongruent. Es spielt keine Rolle, ob sich die Personen im Vorder- oder Hintergrund der Zeichnung befinden. Die Augen bleiben auf gleicher Höhe – aufgereiht wie auf einer Wäscheleine.

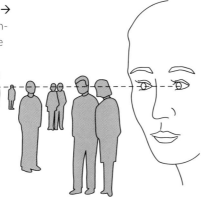

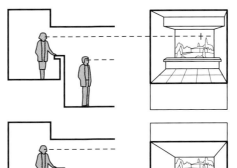

VERSCHIEDENE AUGENHÖHEN ←

Eine erhöhte Position ergibt im Vergleich zur Standardaugenhöhe eine andere Ansicht des Raumes: Die erhöhte Position zeigt den oberen Bereich, die Standardhöhe mehr vom Boden.

AUGENHÖHE SITZEND →

Im Sitzen ist die Augenhöhe tiefer, es ist mehr von der Decke zu sehen. Der Fluchtpunkt in der Perspektive wird durch die Kombination von Augenhöhe und Standpunkt definiert. Alle Objekte verkleinern sich zum Horizont hin.

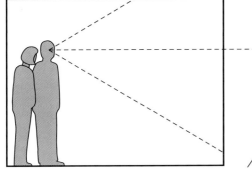

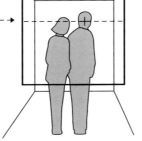

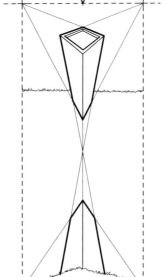

VERTIKALE ANSICHT ←

In der Perspektive können sich Objekte nach oben oder unten verjüngen. Diese Zeichnung stellt ein Gebäude dar, das einmal aus der Vogelperspektive und einmal aus der Froschperspektive betrachtet wird.

SICHTLINIE ↑

Die Sichtlinie führt zum Fluchtpunkt, während sich der Blickwinkel weitet.

EINHEIT 12

COMPUTERGESTÜTZTES ENTWERFEN

ZIELE

- Einführung in die Grundzüge von CAD
- Einsatzbereiche von CAD
- Verwendung von CAD im Entwurfsprozess

Computergestützte Konstruktionsprogramme (CAD) dienen der Konstruktion von Architekturzeichnungen und der Entwicklung von Ideen im Entwurfsprozess. Art und Umfang von CAD sind nicht nur für die Ideenfindung entscheidend, sondern auch für deren Ausgestaltung. Obwohl der Markt unterschiedliche CAD anbietet, arbeiten diese nach ähnlichen Grundprinzipien. Dieses Kapitel führt Sie in die Grundlagen des Arbeitens mit CAD-Systemen als wichtigem Werkzeug des modernen Designers ein.

ENTWURFSPRÄSENTATION ↓

In diese Animation eines Anbaus wurde das digitale Bild des Gartens integriert, auf den der Blick durch die Schiebetüren fällt.

Technologische Innovation hat dazu beigetragen, dass CAD heute nicht mehr nur reine Zeichenwerkzeuge sind, sondern von der ersten Idee an Form und Gestalt kommunizieren können. CAD spiegeln die Gedankengänge des Designers wider, unterstützen Modellbaustrategien und schärfen das Bewusstsein für architektonischen Raum. Der Designer verfügt über neue, erweiterte Möglichkeiten und Fähigkeiten, mit Form, Gestalt und Ansicht zu experimentieren, da der Entwurf der Realität sehr nahe kommt.

CAD werden aus vielerlei Gründen eingesetzt. Die Programme können Entwurfsvarianten kreieren, abändern, analysieren und darstellen. Sie führen komplexe Berechnungen durch, verarbeiten Informationen und Daten, analysieren Entwürfe hinsichtlich ihrer Wirtschaftlichkeit und Funktionalität und berücksichtigen Umweltanforderungen. Das Zeichnen am PC spart Zeit – nicht zuletzt durch schnellen Zugriff auf Entwurfskorrekturen. Darüber hinaus kann der Designer ein hohes Maß an Realismus generieren, indem er sich verschiedenster Simulationsprozesse bedient. Bewegungs- und Walkthrough-Simulationen ermöglichen neben einer räumlichen Erfahrung und Visualisierung des Entwurfs auch die Kommunikation dieser Qualitäten, sodass auch Dritte einen realen Eindruck gewinnen.

INFORMATIONSPAKET →

Mithilfe von CAD zeichnen Designer schnell Dimensionen und Ebenen, um ganze Informationspakete zu erstellen.

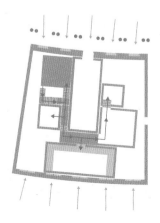
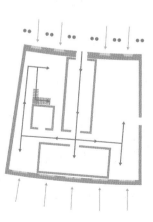

CAD-OBJEKTE

CAD-Objekte werden in zwei Kategorien unterteilt. Die erste Gruppe umfasst zweidimensionale Objekte, geeignet für Grundrisse oder Schnitte. Das elementarste 2D-Objekt ist die Linie; gerade Linien stellen die am häufigsten verwendeten 2D-Objekte dar. Linien haben die meisten Attribute und variieren in Stärke, Farbe und Linienart einschließlich spezieller Pfeilspitzen. Da unterschiedliche Linien unterschiedliche Layer in einer Zeichnung repräsentieren, dienen Formate und Farben der Darstellung von Versorgungstechnik oder Strukturelementen. Mit diesen Symbolen werden Installationsobjekte, tragende und nicht tragende Elemente sowie Bögen, Kreise, Vielecke, Flächen und Gitter dargestellt.

Die zweite Gruppe besteht aus dreidimensionalen Objekten, die aus 2D-Objekten (horizontal) zu Flächenelementen (vertikal) wie Wänden, Böden oder Decken extrudiert werden. Neben dieser Funktion bieten CAD eine breite Palette an vordefinierter 3D-Geometrie – Sie müssen nur noch Länge, Höhe, Breite und Radius eingeben. Alternativ können Formen auch ohne vordefinierte Daten gezeichnet werden, indem Sie mit der Maus das Objekt in die gewünschte Dimension ziehen. Axonometrische und perspektivische Darstellungen werden als „Drahtgittermodelle" erzeugt, um die Oberfläche, die Form und das Volumen des Raumes zu definieren. In der Regel verfügen CAD über eine Rotationsfunktion, die verschiedene Ansichten der 3D-Zeichnungen im Raum ermöglicht.

WELCHES PROGRAMM IST DAS RICHTIGE?

Computergestützte Konstruktionsprogramme verändern und entwickeln sich aufgrund immer neuer Features und Funktionen rasant. Sie können jedoch grob in zwei Gruppen eingeteilt werden: professionelle Anwendungen für Innenarchitektur und Architektur sowie Anwendungen für den privaten Gebrauch und Kleinunternehmen.

Zu den professionellen Programmen zählen Autocad (für Konstruktion und Entwurf), Microstation (Architektur) und Vectorworks (Entwurf und technische Zwecke). Das 3D-Programm Revit hat die Branche revolutioniert. Mit Revit können Designer in 3D arbeiten und 2D-Tranchen aus dem Modell ziehen, um daraus Zeichnungen zu erstellen. Sketchup kann auch so verwendet werden und schafft die Grundlage für 3D-Visualisierungen. Sketchup Pro wird am häufigsten eingesetzt.

Für den praktischen Einsatz, insbesondere die Planung und Gestaltung kleiner, privater Designaufträge einschließlich Raumausstattung, sind professionelle Anwendungen nicht zwingend erforderlich. Eine Abfrage im Internet unter „CAD für Innenarchitektur" ergibt eine Reihe einfacher, preisgünstiger Programme wie SmartDraw oder LibreCAD, mit denen Sie mit etwas Übung digitale Raumgestaltungen konstruieren können. Die Software enthält Beispiele von Räumen, Möbeln und Installationsobjekten, die Sie auf neue Dimensionen und Spezifikationen zuschneiden können.

nformieren Sie sich auf den Websites der Anbieter, vergleichen Sie das Preis-LeistungsVerhältnis verschiedener Programme und wägen Sie die Ergebnisse mit Ihren Anforderungen ab.

VOLLENDETES DESIGN ←
Diese Animation zeigt einen Panoramablick über einen Innenraum und visualisiert die Essenz modernen Designs.

FALLBEISPIEL 03 | FLEXIBLER RAUM

AUFTRAG

Umgestaltung eines Wohnraums durch Öffnung des Innenraums; Kreation eines hellen, luftigen Wohnraums durch Funktionalität und praktische Aspekte. **Budget:** klein. Der Designer selbst ist der Kunde und arbeitet zu Hause. **Design:** Brook Fieldhouse Associates

Was heißt „gutes Design"? Sorgfältig durchdachtes Design äußert sich in einer optimierten, effektiven Umgebung, die den Bedürfnissen des Nutzers Rechnung trägt. Die Bedeutung guten Designs zeigt sich sowohl in unserer täglichen Routine als auch in der Funktionalität und Notwendigkeit von Licht und Raum. In diesem Fallbeispiel wird ein Entwurf durch leichte Modifikation eines bestehenden Grundrisses realisiert. Hervorgehoben wird dabei die geschickte Nutzung von Raum als fließender, flexibler Rohstoff.

MINIMALISTISCHES DESIGN

Diese Zweizimmer-Atelierwohnung in flussnaher Lage proklamiert einen minimalistischen Lebensstil, wobei über 15 % des Gesamtvolumens eingebauter Stauraum und davon wiederum 75 % verborgen sind. Ziel des Entwurfs ist die Schaffung von möglichst viel flexiblem Raum, indem der Stauraum maximiert und gleichzeitig der Ateliercharakter gewahrt wird. Da der Designer zu Hause arbeitet, bildet das Büro den Schlüsselfaktor für die Umgestaltung des Innenraums.

WOHNRAUM ↑

Moderne Möbel ergänzen den architektonischen Stil der Atelierwohnung. Eine Formensprache mit klaren Linien und schlichten Details vermeidet visuelles Wirrwarr.

GRUNDRISS →

Der größte Eingriff während der Planung dieses Designs besteht in der Verbindung zweier ursprünglich getrennter Räume, die eine maximale Nutzung gestattet. Der Grundriss zeigt deutlich die Ausführung der intendierten Umgestaltung: Möbel und Installationsobjekte werden eindeutig platziert.

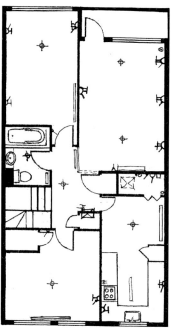

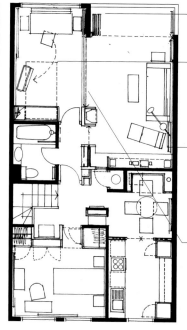

Die Glaskassetten der Falttür fördern Lichteinfall und Aussicht, verdoppeln den Wohnraum und verknüpfen Innen- mit Außenraum.

Ein gestricheltes Rechteck symbolisiert das herausgeklappte Bett, mit dem das Büro in ein zweites Schlafzimmer umfunktioniert wird.

Die Möbel sind ästhetischpraktisch platziert, sodass die Aussicht und der Blick in den Raum den Erholungsfaktor maximieren.

Die Schiebetür markiert die Grenze zwischen zwei Räumen, an der die Arbeitsphase des Tages in die Ruhephase des Abends übergeht.

OFFENER RAUM ←

Eine Falttür mit Glaskassetten ersetzt die Terrassentür und öffnet den Raum für den Blick auf den Fluss.

UMBAU UND DESIGN

In den wenigsten Fällen sind grundlegende Raumveränderungen struktureller Natur nötig. Hier wurde eine nicht tragende Lattentrennwand zwischen zweitem Schlafzimmer und Sitzbereich entfernt und durch drei verschiebbare Platten ersetzt. So entsteht ein 6 m langer Raum mit einem L-förmigen Grundriss. Der offene Raum beherbergt ein Atelier, ein Klappbett und einen Essbereich im Erker. Je nach Nutzung und Tageszeit sind die Räume geöffnet oder geschlossen.

BÜRORAUM ↓

Durch das neutrale Farbschema treten die Objekte verstärkt in den Vordergrund und unterstreichen die intendierte Funktion jedes Bereichs.

STAURAUM →

Die maximale Auslastung von Schränken und Regalen schafft freie Oberflächen und Böden. Offene Regale beherbergen Gebrauchsgegenstände, wenig genutzte Gegenstände – die Unordnung verursachen könnten – sind außer Sicht verstaut.

DESIGNDETAILS

Zur Verstärkung des Licht- und Raumgefühls werden die Wandpaneele von hinten beleuchtet und schließen nicht direkt mit der Bodenfläche ab, die dadurch noch betont wird. Der verborgene Stauraum fördert ein aufgeräumtes Raumempfinden und geringes Staubaufkommen. Weiße Wände und Böden vergrößern den Raum. Die Platzierung der Möbel rückt infolgedessen in den Vordergrund und definiert klar die Funktion der Bereiche.

VIELSEITIGER RAUM ← ↑
Minimalistischer Büroraum schafft maximale Flexibilität und Freiraum für eine vielseitige Nutzung – Leben und Arbeiten in einem.

MULTIFUNKTIONALER RAUM ←

Abends wird der Raum in ein zweites Schlafzimmer verwandelt.

Schiebetüren verbergen die Büroeinrichtung und enthüllen ein Klappbett.

RAUM FÜR GÄSTE →

Werden Gäste erwartet, verschwinden Büro und Bett; ein durchgehender Speiseraum entsteht.

Die Möbel werden für Arbeit und Freizeit genutzt.

FALLBEISPIEL 04 | SINNLICHE INNENARCHITEKTUR

AUFTRAG

Modernisierung eines Badezimmers durch Umgestaltung und Erweiterung, um einen praktischen Raum als ästhetischen Luxus zu schaffen.
Budget: klein. Der Kunde ist ein junger Akademiker auf der Suche nach dem „Wow-Faktor".
Design: Procter-Rihl Architects

Praktische Räume werden oft mit wenig Fantasie und ästhetischer Erfindungsgabe entwickelt. Das Bad im Slice House ist funktional und praktisch und bildet doch einen sinnlichen Bezugspunkt im Haus. Die durchdachte Platzierung der langen schmalen Fenster und Öffnungen im Bad lässt warmes direktes Tageslicht einfallen, was dem Raum ein Gefühl von sanftem Eintauchen und Innerlichkeit gibt.

WOHNBAD

Private Räume sind oft persönlicher als andere Innenräume. Dazu muss man den Alltag der Benutzer gut verstehen. Unsere persönlichen Routinen und Rituale bestehen im Prinzip aus einer Sequenz heimischer Aktivitäten, langsam oder schnell. Solche privaten Räume müssen auch unseren Bedürfnissen an Licht und Wärme entsprechen und physische Unterstützung für eine Reihe von Aufgaben leisten. Das Bad im Slice House kombiniert alle diese Anforderungen mit einem praktischen Raum zum Waschen und einer sinnlichen Zone, wo der Körper ausspannen und sich erholen kann. Ein großer Raum ist in drei Zonen unterteilt, hauptsächlich definiert durch den hölzernen Block des Anziehraums aus Louro Freijo. Es gibt genügend Platz zum Waschen, Ankleiden und Erholen in einer Reihe offener und dennoch abgeschirmter Zonen.

DESIGNMERKMALE ←

Ein durchgehender Flur bringt Fluss in den Raum und verbindet die drei Bereiche. Passend angefertigte Möbel definieren die einzelnen Zonen, bieten Stauraum für Kleidung und geben dem Raum Wärme und Details.

FLIESSENDE FARBE ↑→

Orangefarbene Felder fließen über die Wand und schaffen im Bad Atmosphäre und einen Hauch von Luxus.

KAPITEL 3

DESIGNPROJEKTE

In diesem Kapitel werfen wir einen Blick hinter die Kulissen eines Designprojekts und zeigen die Verzahnung aller bisher behandelten Aspekte des Entwurfsprozesses: von der Idee über die Präsentation bis zur Fertigstellung.

Die einzelnen Projektphasen erfordern unterschiedliche Fertigkeiten: Beurteilung der Kundenanforderungen, Baustellenanalyse, Auftragsgestaltung und Erstellen des Bauzeitplans sowie Raumplanung und Designentwicklung. Die Fallbeispiele veranschaulichen die Bandbreite und Charakteristik der Innenarchitektur, gleichzeitig sensibilisieren sie uns für die Wahrnehmung des Projekts als Ganzes.

EINHEIT 13

AUFTRAGSGESTALTUNG

ZIELE

- Erarbeiten eines realisierbaren Auftrags
- Ausarbeiten eines Kundenprofils
- Arbeiten nach Kundenvorgaben

FARBIGE PERSPEKTIVEN ↓

In diesem Angebot für einen Büroraum werden schnelle Konzeptskizzen in den Unternehmensfarben verwendet, um die Identität des Kunden widerzuspiegeln.

Auftragsarbeit bedeutet, dass Sie nach Kriterien, die Sie nicht selbst gewählt haben, für einen Auftraggeber arbeiten. Der Auftrag beeinflusst den Entwurfsprozess, generiert das Design und trägt dazu bei, das Projekt in Phasen zu unterteilen. Sie müssen mehr als eine Entscheidung fällen, und der Entwurfsprozess verläuft nie geradlinig. In dieser Einheit werden die aufgrund des vorgegebenen Designauftrags anfallenden Aufgaben aufgezeigt und wird die Entstehung eines Auftrags nachgezeichnet.

Die erste Anfrage ist oft die kreativste Phase eines Projekts, in der das Gros der Fragen gestellt und die Beziehung zwischen den Schlüsselakteuren aufgebaut wird. Der Designer ist verantwortlich für Analyse, Evaluierung und Interpretation komplexer Informationen, die Eingang in den Auftrag finden. Durch die Ermittlung der Projektziele werden die Parameter bestimmt, die das Projekt definieren. Der Designer zieht verschiedene Möglichkeiten in Betracht, bevor er sich auf eine Idee oder ein Ergebnis festlegt. Eindeutige Entwurfskriterien sind hilfreich für die Erprobung verschiedener Varianten.

ENTWURFSPROZESS

Jedes Projekt hat eine bestimmte Laufzeit, die durch den Prozess von der Idee bis zur Fertigstellung bestimmt wird. Bei der Auftragsgestaltung arbeitet der Designer eine Reihe von Entwurfsphasen ab. In der ersten Phase evaluiert er das bestehende Material durch Baustellenanalyse, Recherchen und Verarbeitung der Daten und ermittelt so die Gegebenheiten und ihre Grenzen. Diese Parameter sind vorgegeben und unveränderlich. Hierzu zählen z. B. die Lage der Baustelle oder die Größe der Räume.

In der zweiten Phase konzentriert sich der Designer auf die Kundenbedürfnisse und plant die notwendigen Schritte zur Auftragserfüllung. Dabei werden die durchführbaren, aber auch die unmöglichen Wünsche des Kunden berücksichtigt. Die Anforderungen müssen hinsichtlich der aufgrund der in Phase 1 ermittelten Vorgaben zu erwartenden Probleme und ihrer Lösungsmöglichkeiten geprüft und interpretiert werden.

Phase 3 ist eine Synthese der ersten beiden Abschnitte. Der Designer integriert die praktischen und konzeptionellen Ziele des Auftrags und wägt ab, was realisiert werden kann. Er bezieht alle Beschränkungen mit ein, um das Auftragsergebnis zu bestimmen. Dies können materielle, finanzielle oder rechtliche Beschränkungen sein, die alle in das endgültige Angebot einfließen müssen.

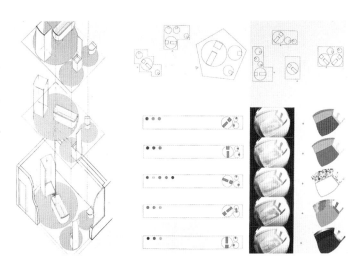

IDEENTAFEL

Die Präsentation eines Konzepts erleichtert dem Kunden die Visualisierung einer Idee bis hin zu einem potenziellen Entwurf. Ideentafeln können allgemein oder spezifisch sein – je nach Kunde und Projekt. Sie unterstützen die Definition des Auftrags, da sie die Designidee im Rahmen verschiedener Auswahlmöglichkeiten präsentieren (*siehe* Einheit 04: Entwicklung einer Idee).

KREATIVE IMPULSE

Offenheit für erste Reaktionen und die Bereitschaft, ausgetretene Pfade zu verlassen und neue Ideen zu testen, müssen für Designer selbstverständlich sein. Kreativität zu Beginn generiert interessante Ideen zum Schluss.

ANGEBOTSMÖGLICH-KEITEN ↑
Für ein Badezimmer wird eine Reihe von Designvorschlägen entworfen.

PROJEKT

Wählen Sie einen Ort und formulieren Sie einen Auftrag für ein imaginäres Projekt. Entscheiden Sie sich für einen oder mehrere Räume, die Ihnen beruflich oder privat vertraut sind und verbesserungswürdig erscheinen. Bestimmen Sie zunächst den Projektumfang und definieren Sie dann die Kriterien, indem Sie alle Anforderungen für das Designangebot auflisten.

VORGEHENSWEISE

Ihr Auftrag sollte Informationen über den Ort sowie wichtige Beschränkungen beinhalten, um die Designparameter zu definieren. Arbeiten Sie nun anhand der folgenden Fragen Ihr Angebot aus: Wer ist der Kunde? Was möchte der Kunde verbessern? Ist das möglich und wenn ja, wie? Fassen Sie Ihr Angebot auf einer Seite zusammen. Nun können Sie ein Kundenprofil erstellen.

PRÄSENTATION EINES FIRMEN-PROFILS →
Auf einer Ideentafel wird das Profil aufgegliedert, um den Ort, seine Lage, die Firmenidentität und die Personalhierarchie zu ergründen.

EINHEIT 14

ERSTELLEN EINES KUNDENPROFILS

ZIELE

· Kundenverständnis entwickeln
· Ausarbeiten eines Kundenprofils
· Arbeiten nach Kundenvorgaben

Kundenverständnis bedeutet weit mehr, als nur auf Nutzeranforderungen zu reagieren. Der Kunde bringt eigene Vorstellungen und Ziele mit, aber vergessen Sie nicht, dass er ein Laie ist, der das Design nicht ohne Sie realisieren kann. Die Aufgabe des Designers besteht in der Interpretation und Erfüllung der Kundenwünsche – dies kann von den Ideen des Kunden abweichen. Die Fertigkeit, ein Profil zu erstellen, das Bedürfnisse, Interessen und Lebensstil Ihres Kunden identifiziert und das Wesentliche herausfiltert, ist ein nützliches Werkzeug, das Sie in dieser Einheit kennen lernen.

TAILORED

EIN MASSGESCHNEIDERTES HAUS ↑
Das maßgeschneiderte Haus für eine Familie definiert seine Innenarchitektur durch Materialzusammenstellungen und plastische Formen. So bietet das Haus eine großartige Erfahrung.

Der Kunde muss dem Designer zu Beginn den Weg weisen. Nach der ersten Begeisterung neigt jedoch mancher Kunde zu einer konservativen Haltung und wehrt neue Ideen ab. Oft muss er davon überzeugt werden, dass neue Konzepte neue Designmöglichkeiten generieren. Gehen Sie sensibel auf Kundenbedürfnisse ein und bleiben Sie gesprächsbereit. Eine bewährte Methode ist die Festlegung der Arbeitsschritte und die gemeinsame Überprüfung mit dem Kunden. So vermeiden Sie eine Entwicklung in die falsche Richtung, die zeit- und kostenintensiv sein kann. Gründliches Recherchieren erleichtert die Planung und Identifikation der Schwerpunkte für den Kunden.

Erstellen Sie zuerst ein Kundenprofil. Listen Sie die Anforderungen des Kunden auf. Setzen Sie Prioritäten, indem Sie einen Zeitplan für die Fertigstellung der Aufgaben ausarbeiten. Führen Sie Besprechungsprotokolle, um alle Änderungen oder Ergänzungen zu dokumentieren. Vermitteln Sie dem Kunden das Gefühl, in den Prozess involviert zu sein.

Änderungen können sich als problematisch entpuppen – bereiten Sie den Kunden darauf vor. Bestätigen Sie alle Korrekturen mit Ihrer Unterschrift. Unstimmigkeiten und Auseinandersetzungen sind dann leichter zu klären, da sowohl Kunde als auch Designer ihre Position kennen. Räumen Sie dem Kunden die Möglichkeit ein, seine Ideen für die Raumgestaltung darzulegen. Bilder von Designideen können hilfreich sein, um Vorlieben zu ergründen und herauszufinden, was für den Kunden Priorität hat und was kaum eine Rolle spielt.

PROJEKT

Erfinden Sie einen Kunden oder greifen Sie auf einen Bekannten zurück, um ein Profil zu erstellen. Konzipieren Sie einen Wohnraum für diesen Kunden. Entwerfen Sie einen Fragenkatalog und stellen Sie sich darauf ein, Ideen, die von Ihnen abweichen, in Betracht zu ziehen.

VORGEHENSWEISE

Ergründen Sie nun die Bedürfnisse Ihres speziellen Kunden, indem Sie zunächst ein Profil erstellen. Ermitteln Sie alle Daten, die relevant sein könnten, und listen Sie Alter, Geschlecht, Beruf, wirtschaftliche Situation sowie alle Informationen zu Lebensstil, Interessen und Hobbys auf. Im Allgemeinen bestimmt der individuelle Lebensstil die wichtigsten Anforderungen. Ist Ihr Kunde ein junger, berufstätiger Single, pflegt er einen anderen Lebensstil als jemand mit einer kleinen Familie. Werten Sie Ihr Kundenprofil aus – diese Rückschlüsse dienen als Ausgangspunkt für die Designplanung in Einheit 16.

DOPPELNUTZUNG ↑
Das Büro wird durch Laufwege umgestaltet, die auch als soziale Bereiche dienen, wo die Kollegen sich treffen, Pause machen und entspannen können.

EINHEIT 15

ANGEBOTSERSTELLUNG

ZIELE
- Formulierung Ihrer Idee
- Schreiben eines Angebots
- Anwendung Ihres Verständnisses von Entwurfskriterien

Das Angebot für ein Design ist die Triebfeder des Entwurfs. Es befähigt den Designer, Ideen in eine Strategie umzusetzen, Designprobleme anzugehen und zu lösen und die Projektziele, die in der Maximierung der Qualitäten eines Raumes bestehen, zu erläutern. In dieser Einheit werden Ihnen die Vorgehensweisen bei der Angebotserstellung sowie die dafür erforderlichen Fertigkeiten vermittelt.

Ein Angebot ist ein schriftliches, zweckorientiertes Dokument. Es legt die Vorgaben und Ziele eines Entwurfs fest und definiert die Parameter der Aufgabe. Die Grundlage hierfür bilden der Auftrag und die Bedürfnisse des Kunden. Das Angebot illustriert die Intention des Designers unter Berücksichtigung der Entwurfskriterien.

Erstellen Sie eine Checkliste mit allen Faktoren, die Ihre Arbeit beeinflussen, bevor Sie das Angebot schreiben. Stellen Sie sicher, dass Sie alle Informationen zu dem Raum aufgenommen haben, auch wenn Sie diese zu verändern beabsichtigen. Listen Sie alles auf, was entfernt wird, und dann alles, was Sie hinzufügen wollen. Diese Listen dienen als Vergleichsgrundlage zwischen dem Bestehenden und Ihrem Angebot. Bewerten Sie nun erneut die Kundenprioritäten und -wünsche. Entspricht Ihr Entwurf den Kriterien, nach denen Sie arbeiten? Wenn ja, dann können Sie jetzt Ihr Angebot schreiben und Ihre Strategie darlegen.

FORMATE ENTDECKEN ↓

In Ihren Designvorschlägen können Sie mit unterschiedlichen Formaten arbeiten – vom kleinsten Detail der Objekte, Möbel und Produkte bis hin zu großformatigen Komponenten, die das gesamte Gebäude umfassen.

Stellen Sie das Projekt vor und erklären Sie die Gestaltung des Raumes mithilfe dieser Fragen: Was, wo, wann, warum und wie? Strukturieren Sie Ihr Angebot mit einer Reihe von Überschriften. Beginnen Sie mit der Benennung und Beschreibung des bestehenden Raumes. Binden Sie bei der Recherche vor Ort ermittelte Faktoren ein, die zu zentralen Aspekten Ihres Entwurfs werden könnten, sowie alle Gebäude bzw. Strukturanalysen. Fahren Sie fort mit dem vom Kunden vorgegebenen Auftrag und der vom Designer durchgeführten Auftragsanalyse – auf diese Weise werden die Entwurfskriterien definiert und die Hauptfaktoren, die Ihre Entwurfsstrategie maßgeblich bestimmen, berücksichtigt. Sobald diese Hauptpunkte festgelegt sind, identifizieren Sie das Konzept und erläutern, wie es schrittweise in einen Entwurf übertragen wird. Hierzu zählen erste spontane Ideen und Entwurfsskizzen sowie die Designentwicklung. Diagramme, Skizzen und Zeichnungen ergänzen das Angebot an geeigneter Stelle, um zu demonstrieren, wie der endgültige Entwurf realisiert wird. Und bedenken Sie stets: Ein gutes Angebot überzeugt durch Visualisierungen und Fakten.

PROJEKT

Wenden Sie sich nun der Entwurfsplanung gemäß Einheit 16 zu. Fassen Sie Ihr Angebot unter Einbeziehung des Kundenprofils aus Einheit 14 auf einem Blatt Papier zusammen. Es soll möglichst viele Informationen beinhalten.

CHECKLISTE

SCHRITT 1 Ermittlung der bestehenden und angebotenen Elemente des Entwurfs.
SCHRITT 2 Überprüfen des Angebots; Prioritäten bei Kundenwünschen setzen.
SCHRITT 3 Entwicklung der Entwurfsstrategie gemäß den Entwurfskriterien.
SCHRITT 4 Darstellung des Designkonzepts.
SCHRITT 5 Illustration des Angebots.

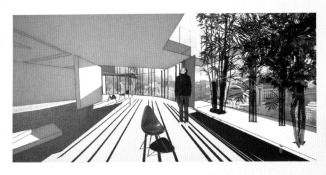

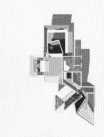

INNENARCHITEKTUR KOMMUNIZIEREN ←
Die Vorschläge müssen stets das Gefühl und die Atmosphäre der Innenarchitektur vermitteln. Dazu zählen auch die Beleuchtungspläne und -effekte, die einen wichtigen Teil des gesamten Entwurfs darstellen.

EINHEIT 16

ENTWURFSPLANUNG

Die Planung Ihrer Ideen mit dem Ziel, einen Entwurf zu kreieren, ist wohl die lohnendste Aufgabe eines Designers. Das freie Spiel Ihrer kreativen Kräfte entfaltet sich, aus Ihren Ideen kristallisiert sich eindrucksvoll die Realität heraus. Das bisher erworbene Knowhow über Design findet nun Anwendung, und Sie haben Gelegenheit, anhand eines Projekts Ihr Können als Designer unter Beweis zu stellen.

ZIELE

- Planung eines Innenraumes
- Arbeiten nach Auftrag
- Erstellen einer Entwurfspräsentation

KONZEPTIONSPROZESS

Für die Planung eines Raumes müssen Sie alle verfügbaren Entwurfsdaten heranziehen. Beginnen Sie mit der Erfassung des Projektumfangs einschließlich der Maße, der Kundenwünsche, einer Rangfolge der Designmerkmale, die Sie integrieren wollen, und der daraus zu ziehenden Schlüsse. Nachdem Sie den Projektrahmen skizziert haben, versuchen Sie, Probleme zu eliminieren und die Möglichkeiten zu taxieren. Wägen Sie Vor- und Nachteile ab, um konzeptionell effizient an Entwurf und Designentscheidungen heranzugehen.

SKIZZIEREN DES DESIGNS

Listen Sie die Prioritäten auf – das verhilft Ihnen zu einem klaren Ausgangspunkt. Sie könnten beispielsweise mit einer Grundidee wie der Kreation eines hellen, luftigen Raumes beginnen und dann schrittweise die Definition spezifischerer Aspekte erarbeiten. Alternativ können Sie sich von vornherein auf eine bestimmte Idee wie die Konstruktion versteckten Stauraums konzentrieren. Die Ausarbeitung unterstützt Sie dann bei der Gestaltung des gesamten Raumes. Grundsätzlich gilt, dass Sie Ihre Planung immer mit den wichtigsten Aspekten beginnen sollten.

MODELLE UND AXONOMETRIE →

Mit axonometrischen Darstellungen werden die geplanten Ideen für einen Wohnraum ausgelotet, während Modelle die Materialbeziehungen testen. Durch den inkrementellen Aufbau architektonischer Bauteile kann der Designer in der Planung schnell potenzielle Lösungen für den Entwurf eines Raumes abwägen.

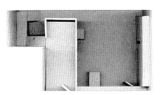

Skizzenmodelle sind schnell erstellt und lassen sich aus einfachen Materialien wie Pappe bauen.

Die Modelle für die endgültige Präsentation zeigen den Gesamtplan und bieten eine detaillierte visuelle Darstellung. Detaillierte Modelle bestehen aus lasergeschnittenem Holz und Acryl.

Der Sozialraum hinter der Bühne wird mit einer Reihe natürlicher Materialien wie Holz, Stein und Marmor dargestellt und erstreckt sich bis hin zum Skyline-Panorama.

Die Bühne ist eine dramatische Auslegung von Struktur und Form. Die Sitzplätze spiegeln die Struktur der Decke darüber wider. Die Materialien sind nach ihren akustischen Eigenschaften ausgewählt.

PLANUNG

Eine bewährte Methode zur Positionierung verschiedener Aktivitäten oder Bereiche ist ein Bubblediagramm. Es illustriert die Lage von Räumen und beschreibt ihren Flächenbedarf sowie die Beziehungen zu anderen Räumen. Praktische Bereiche erhalten z. B. größere Blasen als nicht funktionale Bereiche. Diese Räume werden im Diagramm miteinander verbunden bzw. nebeneinander platziert, um die Übergänge zwischen ihnen aufzuzeigen. Die Raumhierarchie spielt in der Planung eine wichtige Rolle und betont die Notwendigkeit, Ihren Entwurfskriterien Prioritäten zu setzen.

PROJEKT

Wählen Sie einen Raum Ihrer Wohnung, den Sie neu gestalten wollen. Es kann ein funktionaler, praktischer Raum wie Badezimmer oder Küche sein oder ein Erholungsraum wie Wohn- oder Schlafzimmer. Eine Renovierung des Raumes sollte notwendig sein – die Herausforderung ist für Sie so am größten.

SCHRITT 1 Bemaßung

Vermessen Sie den Raum und bauen Sie ein Pappemodell im Maßstab 1:20 oder 1:50. Beachten Sie alles, was den Entwurf beeinflussen könnte: Lage der Lichtquellen, Eingänge oder Verkehrsflächen. Wägen Sie ab, ob vorhandene Beschränkungen verändert werden oder ob Sie mit ihnen arbeiten können.

SCHRITT 2 Raumplanung

Verwenden Sie für die Skizzierung des Raumes Ihr Kundenprofil aus Einheit 14 und Ihr in Einheit 15 erstelltes Angebot. Wenn Sie einen funktionalen Bereich planen, müssen Sie über die Platzierung der Versorgungstechnik und die Unterstützung der Aktivitäten entscheiden. Berücksichtigen Sie bei der Planung eines Erholungsraums die Lichtquellen zur Optimierung von Beleuchtung und Aussicht. Zeichnen und modellieren Sie abwechselnd, damit Sie die physikalischen und räumlichen Qualitäten Ihrer Ideen kontinuierlich erfassen.

SCHRITT 3 Vorbereitung der Kundenpräsentation

Entspricht Ihr Design Ihren Vorstellungen, entwerfen Sie den endgültigen Grundriss. Zeichnen Sie eine axonometrische bzw. perspektivische Darstellung des Raumes. Rendern Sie die Zeichnung zur Visualisierung der verschiedenen Materialien und Farben, die Sie verwenden wollen. Eine Ideentafel mit allen von Ihnen gewählten Finishes, Installationsobjekten, Leuchtmitteln und Möbeln rundet die Präsentation ab.

Der private Entspannungsraum für den Künstler nutzt die gleichen Materialien. So befinden sich die Räume trotz ihrer unterschiedlichen Funktion in einer natürlichen Folge.

FALLBEISPIEL 05 | LADENGESCHÄFT

AUFTRAG

Kreation eines zielorientierten Raumes, der eine zeitgenössische Auffassung von Mode reflektiert. **Budget:** klein. Der Kunde ist Boutiquebesitzer und Modeeinkäufer mit sehr individuellem Verständnis von Mode. **Designer:** Forster, Inc.

Mode ist Big Business. Unablässig im harten Wettbewerb stehend, benötigen Modedesigner eine anregende Umgebung für die Präsentation ihrer jüngsten Kreationen. Das Geschäft ist die Pforte zur Welt der Mode, und das Schaufenster lässt uns einen Blick darauf erhaschen. Die Welt des Geschäftsdesigns und die Bedeutung von Design und Ausstellung werden im folgenden Fallbeispiel veranschaulicht. Ein fertiges Produkt bietet einen exzellenten Anfang für die Designsprache und einen wichtigen Abschluss für einen Entwurf.

DESIGNKONZEPT

Die Zusammenarbeit mit anderen Designern ist immer interessant. Die Designer können ihre Ressourcen und Ideen in einem fruchtbaren Austausch zusammenführen. Die enge Kooperation des Teams mit topaktuellen Modelabels war eine Quelle der Inspiration für dieses Entwurfskonzept. Im Vordergrund stand die Kreation einer anregenden Umgebung, die die Kleidungsstücke akzentuiert, aber nicht von ihnen ablenkt.

FENSTERGESTALTUNG ←

Das Boutiquefenster fungiert als einladende Schwelle zwischen innerer und äußerer Welt. Die großen, direkt auf die Scheibe aufgebrachten Lettern sitzen ordentlich über der Fensterbank, wodurch der Fassade ein schlichtes Understatement verliehen wird. Der Geschäftsname bildet den Rahmen für die Kleidungsstücke im Inneren.

BELEUCHTUNG ↑

Geschickte Lichteffekte setzen Akzente und Highlights. Das Deckenlicht lenkt den Kunden zur Garderobe und zur Kasse. Die justierbare Beleuchtung umgibt die Garderobenbäume mit einem warmen Schein, auf dem weißen polierten Betonboden glänzen Spotlights.

ENTWURFSSTRATEGIE

Eine Schlüsselüberlegung war die Ausstellung der Kleidungsstücke sowie das Design der erforderlichen Installationsobjekte. Der Raum wurde ganz in Weiß gehalten. Die Designer entwarfen Garderobenbäume aus pulverbeschichteten Stahlröhren und positionierten diese als Blickfang im Raum. Geschickt angebrachte Standspiegel verstärken die Reflektion der Bäume – es entsteht der Eindruck einer Waldlandschaft. Die Ausstellung der verschiedenen Kleidungsstücke wird durch drei unterschiedliche „Asthöhen" der Bäume optimiert.

Die Kasse ist sowohl funktional als auch skulpturell. Aus Faserplatten konstruiert und mit einer weißen Deckschicht laminiert, sind ihre Einlegeböden je nach Bedarf stapelbar und flexibel.

MATERIALIEN UND OBERFLÄCHEN

Die Designer spielten mit einem einfachen weißen Farbschema: Textur und Fülle sollten die weiße kubusförmige Galerie ergänzen. Eine Wand wird mit Nut- und Federbrettern verkleidet, um eine wellige Oberfläche zu erhalten, während die übrigen Wände nur verputzt und weiß gestrichen werden. An anderen Stellen variieren Farbeffekte und Oberflächen durch Farbwechsel von glänzend zu matt. Die Umkleide besteht aus der Schiene eines Krankenhausvorhangs mit einem schlichten Plastikvorhang. Ein weißer Flauschteppich umhüllt eine pfiffige Trennwand aus Weichholz – der Raum erhält eine weitere Textur, und gleichzeitig entsteht eine Lagermöglichkeit. Das „i-Tüpfelchen" ist der Boden aus weißem poliertem Beton – ein glänzender Pool aus Licht. Halogenfluter über den Garderobenbäumen schaffen eine wirkungsvolle Punkt- und Anstrahlbeleuchtung. In diesem Raum inszenieren weiße Farbschattierungen und eine Mischung von Texturen einen kühlen Hintergrund für moderne Damen und Herrenmodelabels.

OPTIMIERTE AUSSTELLUNGSFLÄCHE →

Der Abstand zwischen Ständer und Wand sowie die Ausnutzung der Raumhöhe intensivieren den Eindruck von Tiefe. Pulverbeschichtete Stahlrohre vom Boden zur Decke bieten drei Präsentationsebenen. Die Kleidungsstücke hängen in gleichmäßigen, einladenden Abständen an den „Ästen".

KLARE LINIEN ↑

Aus Beleuchtung, Textilien und Stoff entsteht ein weicher weißer Bereich zum Umkleiden. Ohne Farbe und Wirrwarr schaffen sie eine perfekte Umgebung für die Anprobe.

ABENTEUER MIT SPIEGELN ↑

Die Positionierung von Spiegeln schafft die Illusion einer „Waldlandschaft" und verdoppelt den Raum – er wirkt verspielt und erfreut das Auge.

Spiegel über der Kasse und um die Bäume akzentuieren den Raum, indem sie ein Gefühl von Weite und Licht erzeugen.

Die maßgefertigte Kasse hat ein flexibles Design, bietet Stauraum und fungiert dennoch als ästhetisches Objekt, das den Raum abrundet.

FALLBEISPIEL 06 | CAFÉ

AUFTRAG

Ausgestaltung einer rohen, industriellen Hülle und Kreation einer Markenidentität für eine Cafékette.
Budget: klein bis mittel. Der Kunde ist Inhaber einer Cafékette.
Design: Forster, Inc.

Das Design gewerblicher Räume erfordert ein fundiertes Verständnis unterschiedlicher und komplexer Dynamiken. Der Designer muss sowohl den Kunden, der Geld verdienen will, als auch den Konsumenten, der Geld ausgeben will, berücksichtigen und gleichzeitig durch die Präsenz der Marke der Produktphilosophie einen Rahmen geben. Dieses Fallbeispiel zeigt einen besonderen Ansatz im Design gewerblicher Räume. Aus alten und neuen Designelementen entsteht eine facettenreiche Formensprache. Architektonische Charakteristika eines alten Gebäudes verschmelzen erfolgreich mit neuen Ideen – das Ergebnis ist ein Café in entspanntem und eklektischem Stil.

DESIGNPHILOSOPHIE

Das Designteam, das bereits zwei andere Cafés in enger Kooperation mit dem Kunden realisiert hatte, nutzte dieses Projekt als Möglichkeit, die Markenidentität so zu beleben, zu entwickeln und zu definieren, dass diese auf neue Lokalitäten übertragen werden kann. Die Räumlichkeiten wurden nach architektonischen Kriterien und aufgrund ihrer Lage im kulturellen Viertel der Stadt ausgewählt. Das Café soll zum Treffpunkt für junge Kreative aus der Branche avancieren und eine fröhliche, eigenwillige Umgebung zum Entspannen bieten.

Eine riesige Glasfassade enthüllt den hallenartigen Innenraum und eröffnet einen Panoramablick – für Kunden sowie für Passanten.

ERSTER EINDRUCK ←

In Einklang mit dem industriellen Innenraum wirkt die Fassade aufgrund des scheinbaren Mangels an gewerblicher Identität sehr informell. Bar aller äußeren Logos wirbt das Café mit seinem Inneren für die eigene, auf Entspannung abzielende Marke – für eilige wie für verweilende Gäste.

ENTWURFSKONZEPT

Der Kunde wünschte den Erhalt des ungeschliffenen industriellen Charakters der Halle mit größtmöglicher Flächennutzung und Sitzplatzanzahl. Secondhandsofas und -stühle wurden mit maßgefertigten Tischen und Theken kombiniert, um eine kostengünstige Lösung zu realisieren. Der eklektische Stil spiegelt sich auch in den Materialien und Finishes wider. Verputzte Flächen treffen auf Schlackenbetonblöcke, die Patina abblätternder Farbe bildet den Hintergrund für eine ungewöhnliche Beleuchtung. Die pulverbeschichteten Stahlrahmen dienen als Stützen für Leuchten aus Kaffeetassen. Pfiffige Details wie Tische aus 25 mm starkem, mit farbigem Laminat überzogenem Sperrholz schaffen klar strukturierte Bereiche und runden das Ambiente ab. Eine solide Arbeitsplatte aus Walnuss auf einem Gussbetonblock bildet das zentrale Designmoment dieses Raumes.

ORGANISATION DURCH FARBE →

Helle Farben markieren extraschmale Sitzecken am Fenster als einfache Lösung für hohes Gästeaufkommen in geschäftigen Mittags oder Servicezeiten.

Unverkleidete Oberflächen und freigelegte Texturen erzeugen ein industrielles Ambiente und schaffen einen neutralen Hintergrund für den eigenwilligen eklektischen Stil des Mobiliars

Lampen aus Kaffeetassen machen als visuelle und architektonische Elemente die Raumhöhe erlebbar: Sie tauchen den Raum von den Stahlrahmen herab in ein gemütliches Licht. Von außen betrachtet fungieren sie als Dekoration hinter der Glasfassade.

Die Servicebereiche bieten großzügige Verkehrsflächen mit einem hohen Maß an Funktionalität und Effizienz für die Bedürfnisse der Mitarbeiter.

SERVICEBEREICHE ←

Eine lange Servicetheke beherbergt die Kasse nebst frischem Kuchen und Gebäck sowie die Arbeitsfläche für die Zubereitung von Speisen und Getränken. Hinter dem Tresen sind Zutaten, Geschirr und Besteck in Maßregalen verstaut, während Kaffeemaschinen und Spender auf der Arbeitsplatte stehen. Die Designer orientierten sich an den exakten Spezifikationen der anderen Cafés und gewährleisteten Komfort und Funktionalität sowie ein angenehmes Arbeitsumfeld für die Mitarbeiter.

KAPITEL 4

KONSTRUKTIONELLE UND NICHT KONSTRUKTIONELLE PLANUNG

Kenntnisse der Konstruktion von Architekturkomponenten gehören zum Verantwortungsbereich des Designers. Häufig beeinflussen bereits im Vorfeld Faktoren wie Bauvorschriften, Budget und Kundenbedürfnisse sowie die Berücksichtigung räumlicher Qualitäten für architektonische Designentscheidungen.

Dieses Kapitel deckt die Grundlagen der Baukonstruktion ab. Obwohl Detailwissen nicht notwendig ist, verfügen die meisten Designer über Grundkenntnisse in der Konstruktion sowie im Bereich der Bau- und Werkstoffe. Schlüsselfertigkeiten hierfür sind Organisationstalent und Recherchekompetenz.

EINHEIT 17

BAUELEMENTE

ZIELE

- Überblick über die Hauptbauelemente
- Grundkenntnisse im Bau von Architekturelementen
- Einführung in Baumethoden

Böden, Wände, Fenster, Türen und Treppen sind architektonische Elemente. Sie definieren Innenräume durch Umbauung, Teilung und Verkehrswege und bieten uns Schutz, Wärme bzw. Abkühlung sowie Aussichten. Das Design von Raumelementen variiert je nach Gebäudetyp und der Gestaltung der Aktivitäten. In dieser Einheit untersuchen wir Konstruktion und Zweck von Hauptbauelementen.

BÖDEN

Der Boden definiert die horizontale Fläche innerhalb des Raumes und trägt Nutzlasten – wie das Gewicht von Personen und Möbeln – sowie Eigenlasten einschließlich des Eigengewichts der Bodenkonstruktion. Ein Holzboden wird durch das geradlinige Verlegen von Querbalken der Breite nach konstruiert, um maximale Festigkeit für das Verlegen der Dielen zu gewährleisten. Ein Betonboden wird entweder vor Ort betoniert oder mit vorgefertigten Betonbohlen auf einem Stahlträgerboden konstruiert. Böden, die Lastenbewegungen aufnehmen, müssen relativ steif, aber trotzdem elastisch sein, damit die Deckenbelastung horizontal auf Balken, Stützen und tragende Wände übertragen wird.

Die Bodenstärke sollte im Verhältnis zu Maßstab und Proportion der strukturellen Stützweite des Materials sowie seiner relativen Festigkeit stehen. Auch beim Verlegen von Versorgungsleitungen und elektrischen Leitungen parallel zu den Balken unter dem Boden spielt sie eine Rolle. Aufgrund der riesigen Auswahl an Bodensystemen sollte der Designer den Rat eines Bauingenieurs zur Gewährleistung der effektivsten Lösung hinzuziehen.

DAS AUGE FÜHREN →
Der durchgehende Bodenbelag bringt ein offenes Raumgefühl und führt das Auge durch den Raum.

WÄNDE

Wände sind senkrechte Flächen zur Umbauung und
Teilung von Räumen. Sie können tragend (die von
oben einwirkende Last stützend) oder trennend bzw.
nicht tragend sein und definieren verschiedene
Innenräume. Sie dienen als Wärmeisolierung und
Lärmschutz. Außerdem verlaufen in ihnen Installa-
tionskanäle für Versorgungstechnik und Elektrik.
Außenwände schützen vor Wetter- und Klimaeinflüs-
sen und müssen resistent gegen Witterungseinflüsse sein. Sie müssen so konstruiert werden, dass
sie warme und kalte Luftbewegungen sowie Feuch-
tigkeit und Nässe regulieren.

Lattentrennwände in Räumen werden aus einem
Pfostenrahmen mit gleich großen, häufig genormten
Rahmenfächern für den Dämmstoff und die Schalung gefertigt. Die Pfosten tragen die Lasten vertikal,
die Schalung, die an den Pfosten montiert wird, verleiht dem Rahmen Steife. Elektrische Leitungen und
der Dämmstoff werden in den Pfostenrahmen integriert. Als Schalung eignen sich verschiedene Materialien, doch am gängigsten sind verputzte Gipskar-
tonplatten mit einer glatt gestrichenen Oberfläche.
Bei Massivbauweisen wie Ziegel oder Betonwänden
konstruiert man die Wände mit Bewehrungen zur
Abfederung von Zugspannungen. Das Verhältnis
von Höhe zu Breite ist entscheidend für die Seiten-
steifigkeit und die kontrollierte Verformung über
Dehnungsfugen.

AUSSENWAND →
Eine Wand kann von
außen ganz anders
aussehen als von
innen. Hier ist die
Fassade des Gebäudes
mit Stahlelementen
verkleidet.

FENSTER UND TÜREN

Diese Architekturelemente bilden effektive Rahmen für Ein und Ausgänge, für die Schaffung von Ansichten im Raum und für die Verbindung des Innenraums mit der Außenwelt. Türen gewähren Zugang zu Räumen, bieten Schutz und Privatsphäre und durchfluten das Innere mit Licht und Luft. Fenster lassen uns durch die Augen des Gebäudes blicken, sorgen für Licht- und Luftzufuhr und schirmen Lärm und Wetter ab. Die Produktwahl für Türen und Fenster variiert je nach ihrem Zweck, aber in der Regel werden Standardgrößen gemäß den Bauvorschriften verwendet, die auf den Anforderungen für Tür- und Fensteröffnungen beruhen. In der Außenansicht gestalten Türen und Fenster die architektonische Komposition der Fassade entscheidend mit. Die Position dieser Elemente beeinflusst die Wahrnehmung eines Gebäudes, da sie Kontraste in Masse, Maßstab und Transparenz der ganzen Gebäudeform setzt.

Fensterarten

Fenster gibt es wie Türen in vielen Ausführungen: Fest-, Flügel-, Schiebe-, Doppel- oder Doppelschiebefenster und Schwingflügelfenster. Fensterrahmen variieren ebenfalls in Stil, Material und Konstruktion mit Glas in Holz-, Aluminium- oder Stahlrahmen. Die Fensterwahl wird in erster Linie durch Tageslichteinfall und Lüftung, Schall- und Wärmeschutz sowie Reinigung und Instandhaltung bestimmt. Erkundigen Sie sich bei einem Fachmann über die verschiedenen Fenster, die auf dem Markt sind.

FLÜSSIGE STRUKTUREN →
Eine umlaufende Balustrade sorgt für einen fließenden Übergang zur Metalltreppe. Dünne Rohre und ein Geländer in Knöchelhöhe vermitteln ein Gefühl von Sicherheit.

RAHMEN →

Fenstergitter rahmen die dramatische Aussicht ein.

BLICKPUNKT ↙
Boden und Decke aus Beton dehnen die Perspektive und sorgen für eine Überbetonung der Linien.

Türarten

Türen können sich in Bauweise und Öffnung unterscheiden. Es gibt Schwing-, Schiebe-, Falt-, Dreh- und Flügeltüren mit einer 50 %-igen bis zu 100 %-igen Türraumöffnung. Zu den Stilrichtungen zählen getäfelte Türen, Glasfüllungs-, Lamellen- und Fenstertüren. Ausschlaggebend für die Türwahl ist ihr Standort im Verhältnis zu den Zutrittsanforderungen. Die Bewegung zwischen den Räumen, Nutzungshäufigkeit oder spezielle Bedürfnisse wie Licht, Belüftung, Aussicht und Schalldämmung sind weitere Faktoren. Die wichtigste Funktion einer Tür kann die Verhinderung einer Ausbreitung von Feuer in einem Gebäude sein. Brandschutztüren müssen Normen von 30 Minuten bis vier Stunden entsprechen.

TREPPEN

Treppen können ein zentrales Designmoment eines Gebäudes sein. Sie beeinflussen die innere Organisation von Räumen durch die Gestaltung des strukturellen Systems, zuweilen bestimmen sie die Lage der Versorgungstechnik im Bauplan. Die Aufgabe der Treppe besteht im vertikalen Transport von einer Ebene zur nächsten. Bei großen Gebäuden verbinden Treppen maßgeblich die einzelnen Gebäudeteile und sorgen für optimale Verkehrswege. Ihre Konstruktion gliedert sich in zwei Gruppen: Entweder sind sie integraler Teil einer Gebäudestruktur wie etwa Betontreppen oder selbsttragende Elemente wie z. B. Wendeltreppen. Die Sicherheitsbestimmungen beim Treppenbau schließen Komfort und ungehinderten Verkehr ein. Die Konstruktion beruht vor allem auf ergonomischen Daten, aus denen sich Standards, basierend auf Körperproportionen und bewegungen, ergeben.

Treppenarten

Weitere Aspekte beim Entwurf von Treppen sind frei zugängliche Treppenabsätze, deren Breite und Tiefe der Treppenbreite entspricht. Komfort und Sicherheit bedingen bei allen Treppen ein Geländer. Entsprechend ihrer funktionalen Anforderung und räumlichen Beschränkung gibt es Frei-, Wangen-, Einholm-, Spindel- und Wendeltreppen sowie einläufig gerade, halb gewendelte und gewendelte Treppen.

RÄUME
VERBINDEN ←
Als wichtigstes Designmerkmal schafft die Stahlblech-Falttreppe Raum, legt sich um die Küche und bietet zusätzlich noch nützlichen Stauraum unter sich.

GESUNDHEIT UND SICHERHEIT IN DER BAUAUSFÜHRUNG

Gesundheits- und Sicherheitsaspekte müssen in den Entwurfs- und Bauphasen berücksichtigt werden und die gesamte Ausführungsphase sowie die Lebensdauer des Gebäudes abdecken.

Sichere Arbeitsbedingungen

Ein Sicherheitsbeauftragter – dies kann ein Mitglied des Designteams oder ein externer Experte sein – wird mit der Baustellenüberwachung und Sicherheitskoordinierung betraut. Er oder sie muss ein zertifiziertes Sicherheitstraining nachweisen und gewährleisten, dass das Bauvorhaben den Normen und Vorschriften entspricht.

Gebäudesicherheit

Der Sicherheitsbeauftragte muss einen Gesundheits- und Sicherheitsplan ausarbeiten. Mit Abschluss des Bauvorhabens erhält der Kunde eine Gesundheits- und Sicherheitsbescheinigung. Das Designteam ist gesetzlich verpflichtet, alle Risiken vorherzusehen, Sicherheitsaspekten Vorrang einzuräumen und Personenschäden zu vermeiden. Die Nichteinhaltung von Gesundheits- und Sicherheitsvorschriften kann eine Strafverfolgung nach sich ziehen.

Baurichtlinien, -vorschriften und -normen sind von Land zu Land verschieden. Arbeiten Designer im Ausland, müssen sie sich bei den örtlichen Baubehörden und Organisationen informieren, um die Einhaltung der gesetzlichen bautechnischen Richtlinien sicherzustellen.

MATERIALITÄT

Jedes Material hat eine eigene Farbe, Oberfläche, Veredelung, Struktur, Schwere, Wärme und Reaktion auf Licht. Diese Eigenschaften beeinflussen nicht nur sein Aussehen, sondern auch seine Formbarkeit, Nutzbarkeit und Haltbarkeit.

ORTSTYPISCH

Pull House befindet sich in der ländlichen Waldlandschaft von Vermont. Sein Design spiegelt die örtliche Bauweise der Scheunen wider. Die einzelnen Holzpaneele im Inneren sind in Braun-, Schwarz- und Lilatönen handgefärbt, um den natürlichen Effekt des Holzes hervorzuheben und die Wirkung der umgebenden Natur darzustellen. Die verspielte Zusammenführung von natürlichen und künstlichen Elementen erzeugt eine einzigartige materielle Ausstrahlung.

KONTEXT

Das neue Haus in einem Naturschutz-
gebiet setzt auf eine sorgfältige Materialauswahl: Holz und vor Ort
gebrannte rote Ziegel, damit das Haus
in die Umgebung passt. Die Wärme
des Holzes sorgt zusammen mit den
Farbvariationen der einzelnen Ziegel
für ein luxuriöses Gefühl reiner Materialität. Innen- und Außenräume verschmelzen, die Materialauswahl bringt
die Umgebung ins Haus. Die Palette
von Ziegeln und Holz erzeugt ein
natürliches, harmonisches Gefühl. Der
ständige Fluss der Beziehungen zwischen den Materialien schafft eine
konsequente, durchgehende Interpretation des Raumes.

EINHEIT 18

BAUSTOFFE

Baustoffe sind die Rohstoffe, die einer Entwurfsidee Gestalt verleihen – und Designer lieben die Arbeit mit ihnen. Ob Sie einen stimmungsvollen Raum oder eine praktische funktionale Umgebung kreieren, die Materialwahl ist der Schlüssel zur Realisierung Ihrer Ideen. Diese Einheit gibt einen Überblick über die Hauptbaustoffe und deren Eigenschaften. Ästhetische Aspekte bilden den Ausgangspunkt für Ihre Wahl, aber Festigkeit, Haltbarkeit, Dauerhaftigkeit und Instandhaltung sind ebenfalls wichtige Faktoren.

ZIELE
- Einführung in die Grundbaustoffe
- Kenntnisse der Materialeigenschaften
- Auswahl von Materialien

TRAGWERK IM BAUWESEN

Baustoffe dienen primär der Konstruktion des Tragwerks. Der Zweck des Tragwerks ist die Übertragung aller auf dem Gebäude ruhenden Lasten auf den Untergrund, ohne unter der Gesamtlast oder unter Teillasten zu kollabieren. Der Designer muss dies berücksichtigen, wenn sein Entwurf Strukturveränderungen beinhaltet. Wird eine Treppe konstruiert, eine Wand entfernt oder ein Zwischengeschoss eingezogen, müssen Entwurf und Ausführung Tragkraft, Stabilität und Feuerfestigkeit gewährleisten. Dies bedingt die Einhaltung von Sicherheitsstandards und die Verwendung geeigneter Baustoffe, damit die Standsicherheit gewahrt bleibt.

Alle Bauwerke sind anfällig für Spannung und Kompression. Diese natürlichen Kräfte wirken durch Zug oder Druck auf die Materialien ein. Spannung entsteht durch Ziehen oder Dehnen. Sie ist leicht zu erkennen, da der Baustoff wie ein straffes Gummiband gestreckt wird. Kompression ist das Pendant zu Spannung. Ein Material wird durch Kompression oder Druck verkürzt. Drückt man Schaumstoff zusammen, wirkt er kleiner. Baustoffe sind steifer als Gummi oder Schaumstoff – Sie sehen den Effekt nicht sofort, obwohl er auch hier auftritt. Die Festigkeit von Holz, Beton und Stahl schwankt, doch alle drei Stoffe widerstehen Spannung und Kompression und brechen nicht so schnell unter Belastung.

GRUNDSTOFFE IM BAUWESEN

Beton (bewehrt oder vorgespannt), Holz, Stahl und Aluminium stellen gängige Stoffe im Bauwesen dar und verfügen über Eigenschaften, die ihre Verwendung in unterschiedlichen Gebäudetypen ermöglichen. Je höher die Festigkeit eines Stoffes ist, desto geringer ist die benötigte Menge zum Tragen einer Last. Eine Faustregel lautet: Verwende für eine hohe Rahmenbauweise mit großer Stützweite Materialien, die unter Druck große Festigkeit und Steifheit zeigen, aber trotzdem leicht sind.

GRUNDCHARAKTER ↑
Holz ist ein wunderbares Naturmaterial, das ein Gefühl von Wärme schafft.

LEBEN IN DER NATUR →
Große Fenster rahmen die Landschaft ein, schaffen einen sanften Übergang zwischen drinnen und draußen und betonen die Wirkung des Panoramas.

Die Beziehung zwischen Gewicht und Stärke eines Stoffes gibt Aufschluss über die Effizienz seiner baulichen Verwendbarkeit und wird als Verhältnis von Festigkeit zu Gewicht bezeichnet. Zur Kosten- und Abfallminimierung sollte sich ein Designer möglichst für die effizienteste Bauweise eines Gebäudes entscheiden.

HOLZ
Holz ist ein natürlicher, schöner Baustoff. Bauholz gibt es in unterschiedlichen Kategorien und kann grob in zwei Gruppen unterteilt werden: Weichholz und Hartholz. Weichholz wie Kiefer oder Fichte wächst schnell und ist relativ preiswert, allerdings verschleißt es leichter als Hartholz. Seine Festigkeit ist abhängig von Knoten und Fehlern sowie der Verformung unterschiedlicher Hölzer unter Druck. Hartholz ist etwas teurer. Eiche ist das vielfältigste Hartholz und variiert beträchtlich in Farbe und Textur. Verglichen mit anderen Materialien weist Holz eine niedrige Steifheit auf, aber in Relation zu seinem geringen Eigengewicht ist es sehr steif und hat ein hohes Verhältnis von Festigkeit zu Gewicht.

Holz ist ein optimaler Baustoff und eignet sich für Balken, Stützen, Böden und Möbel sowie als Decken- und Wandschalung. Vor allem als Täfelung ist es ein dekoratives Material zur Oberflächenverkleidung und kann mit Klebstoffen verstärkt werden, um Sperrholz oder laminiertes Holz zu erhalten. Holz muss mit Flammschutzmitteln behandelt werden, auch wenn dies seine Festigkeit reduziert. Der Vorteil von Holz liegt in seiner guten Bearbeitbarkeit, während es gleichzeitig gut isoliert und sich durch Druck oder Spannung nur mäßig verformt. Die Verarbeitung von Bauholz ist jedoch aufgrund ökologischer Aspekte nicht unumstritten. Der Holzverbrauch steigt weltweit schneller als der Rohstoff nachwächst. Achten Sie beim Kauf auf umweltverträgliche Quellen. Seltene und exotische Hölzer wie Mahagoni, Teak und Iroko sind wunderschön, aber vergewissern Sie sich, dass die Edelhölzer aus umweltfreundlichen Plantagen stammen.

GLAS
Glas erfüllt die Sicherheits und Wärmeschutzanforderungen und ist gleichzeitig dekorativ und praktisch. Dank seiner Flexibilität ist es vielseitig verwendbar – von Bodenplatten, Trennwänden und Schutzdächern über Türen, Fenster, Stufentritte, Regale und Geländer bis hin zu Leuchtmitteln, Spritzwänden und dekorativen Oberflächen. Die Industrie produziert Glas in wirtschaftlichen Großformaten unterschiedlicher Stärke für bauliche und technische Spezifikationen. Das ästhetische Material ist in gehärteter oder laminierter Form als Baustoff im Wohnungs und Gewerbebau erstaunlich haltbar.

Glastrennwände bieten sowohl Abgeschirmtheit als auch Transparenz. Durchsichtig, durchscheinend oder milchig – die Auswahl an robusten, dekorativen Finishes ist riesig, und die Produktionstechniken sind zahllos. Die Behandlung beeinflusst Licht, Farbe und Muster – Funktionalität und Flexibilität bieten so Lösungen auch für anspruchsvolles Design. Geätztes und sandgestrahltes Glas streut das Licht sanft, laminiertes Glas mit einer farbigen Einlage schimmert und beleuchteter milchiger Boden glänzt. Finishes sind beispielsweise säuregeätzt, mattiert, sandgestrahlt, laminiert, geprägt, emailliert oder abgetönt. Daneben gibt es ungewöhnliche Finishes aus Recyclingprodukten wie TVGeräten und Autoscheiben.

Stahl

Stahl ist eine Legierung aus Eisen und Kohlenstoff. Wird eine kleine Menge Nickel hinzugegeben, entsteht Edelstahl, der nicht rostet. Stahl ist ein hartes, steifes Material, das sich durch ein hohes Verhältnis von Festigkeit zu Gewicht auszeichnet. Er ist sehr ökonomisch, da kleine Mengen relativ große Lasten tragen können. Stahl gibt es in zwei Festigkeitsklassen: Baustahl und hochfester Stahl. Aufgrund seiner Eigenschaften wird Stahl in den verschiedensten Gebäuden unterschiedlichster Größe und bei Dächern aller Spannweiten verarbeitet. Die Vorteile von Stahl als Baustoff liegen vor allem in seiner Festigkeit und enormen Tragfähigkeit. Tragseile von Brücken, Binder und Träger, Wolkenkratzerstützen und Achterbahnschienen – sie alle werden aus Stahl gefertigt. Allerdings korrodiert Stahl leicht und die Instandhaltungskosten für die Oberfläche sind hoch. Das Material muss regelmäßig mit Schutzfarbe gestrichen bzw. beschichtet werden.

Beton

Beton ist ein künstlicher Baustoff, gemischt aus Zement, Sand, Stein und Wasser. Zu seinen besonderen Eigenschaften zählen Plastizität, Festigkeit und Haltbarkeit. Beton ist aufgrund seiner Vielfältigkeit auf unterschiedliche Weise und für verschiedene Zwecke einsetzbar. Er kann vorgefertigt, geformt oder in geeignete Schalungen gegossen werden. Beton eignet sich für Böden, Wände, Decken und Möbel sowie für Finishes. Das Verhältnis von Wasser zu Zement und von Zement zu Sand und Stein bestimmt die Festigkeitsklasse des Betons. Je feiner und härter die Aggregate (Sand und Stein), desto höher die Festigkeit; je höher der Wasseranteil, desto weicher der Beton. Wird der Beton mit Stahlstreben bewehrt oder mit Stahldrähten bzw. -kabeln vorgespannt, erhöht sich seine Dauerhaftigkeit unter Spannung oder Druck. Der Baustoff Beton bietet viele Vorteile: Wirtschaftlichkeit und Kosteneffizienz, Feuer und Witterungsbeständigkeit. Er kann poliert, gestrichen, gemustert oder roh belassen werden, um seine plastischen Eigenschaften zu erhalten.

VISUELLE QUALITÄTEN ↑
Materialien werden aufgrund ästhetischer Eigenschaften wie Textur, Form und Farbe verarbeitet.

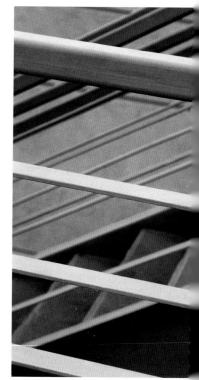

PHYSIKALISCHE QUALITÄTEN →
Haltbarkeit und Festigkeit sind ausschlaggebend für die Verwendung von Baustoffen.

GRÜNES DESIGN

Ökologisches Design hat zum Ziel, Material und Baustoffabfall durch effiziente Wiederverwertung oder Recyclingprodukte zu reduzieren. Nachhaltige Strategien können in den ersten Planungsphasen des Entwurfs durch Aufgreifen von Alternativen etabliert werden. Hierzu zählen eine wirtschaftliche Bauausführung, die Spezifikation von Produkten oder Rohstoffen mit der höchsten Effizienz, das Ersetzen knapper Ressourcen durch reichhaltige oder die Wiederverwertung von Baustoffen aus Abbrucharbeiten. Die Sanierung eines Gebäudes konfrontiert den Designer mit einer echten Herausforderung – dem Umbau eines alten Raumes in einen Raum mit neuen Funktionen für nachfolgende Nutzer. Die Vorteile des Materialrecyclens liegen auf der Hand, doch ökologisches Design verlangt von Designern vorrangig Einfallsreichtum und Vorstellungskraft sowie das Verlassen ausgetretener Denkpfade – daraus ergeben sich völlig neue Möglichkeiten.

GEBÄUDEENTWURF

Ein geschickter Gebäudeentwurf maximiert die Solarenergie, minimiert Heizkosten und optimiert Wärmeeffizienz und isolierung. Die strategische Platzierung und Ausrichtung von Lichtquellen sowie die Verringerung großer Glasflächen sind zwei Beispiele für Schlüsselaspekte im Entwurf.

ENERGIEEINSPARUNG

Die Energieeinsparung wird durch sorgfältig geplante Versorgungstechnik erzielt. Wärme und Strom können beispielsweise mit Sonnenkollektoren bzw. Windrädern erzeugt werden – kostengünstig betriebene Systeme ohne CO2-Ausstoß. Auch durch die Wärmerückführung von Herd und Gefrierschrank oder die Verkürzung langer Rohre, die Wärme abgeben, wird Energie gespart. Heizung und Warmwasser können durch eigene Kontrollsysteme getrennt werden. Natürliche oder passive Lüftungssysteme können Klimaanlagen ersetzen, um hohen Wärmeverlust zu vermeiden. Auch Energiesparlampen oder Leuchtstoffröhren sparen Energie.

ENERGIEERHALTUNG →
Solarzellen maximieren die Energiegewinnung für die häusliche Wärme und Stromerzeugung.

WASSERVERBRAUCH

Lecksucher, Durchflussregler und Wasserrecycling tragen zur Vermeidung von Verschwendung bei. Regenwasser kann gesammelt, in unterirdischen Tanks gefiltert und zum Point-of-Use gepumpt werden. Grauwasser aus Badewannen, Duschen und Waschbecken kann ebenfalls durch einen Filtertank gepumpt und für Toilettenspülungen recycelt werden. Auch Haushaltsgeräte mit minimalem Wasserverbrauch und Toiletten mit 2-Mengen- oder Wasserspar-Spülsystemen senken den Verbrauch.

BAUSTOFFE

Grünes Design bemüht sich um Materialien, die wenig graue Energie, d. h. für Herstellung und Transport verwendete Energie, benötigen. Lokale Baustoffe vermindern die Verschmutzung durch Transport. Die Stoffe sollten giftfrei und ihre Herstellung umweltverträglich sein. Vom Forest Stewardship Council (FSC) zertifiziertes Holz stellt sicher, dass es aus nachhaltiger Waldnutzung stammt. Am besten eignet sich vorbehandeltes Holz, da es in den Sägewerken strengen Kontrollen unterliegt. Es gibt zahllose Alternativen zu Kunststoffen, und Bodenbeläge sind in vielen erneuerbaren Rohstoffen erhältlich: FSC-Holz, wiedergewonnenes Holz, Kork, Kokosfaser, Linoleum oder Wolle. Farben sollten geruchsneutral, giftfrei, lösemittelfrei und idealerweise wasserbasierend sein.

EINHEIT 19

VERSORGUNGSTECHNIK

ZIELE

- Einführung in die Versorgungstechnik
- Organisation der Versorgungstechnik in Gebäuden
- Ermittlung unterschiedlicher Versorgungssysteme

Die Installation von Versorgungseinrichtungen stattet ein Gebäude mit lebenswichtigen Anschlüssen zu Wasser, Strom, Gas und Telekommunikation aus. Diese Einheit vermittelt Ihnen technische Informationen zu Organisation und Verteilung von Versorgungseinrichtungen in einem Gebäude.

Wir können ein Gebäude mit unserem Körper vergleichen: Die Verteilung der Versorgungstechnik über Leitungen ähnelt den Arterien, die Telekommunikationskabel gleichen den Nerven. Bei der Konstruktion der Gebäudeanatomie muss die Installation der Versorgungstechnik besonders berücksichtigt werden, um die Leitungen kurz und somit ökonomisch zu bauen, insbesondere für den Wasseranschluss in Bad und Küche. Die Installationen verlaufen in der Regel vertikal über Kanäle durch das Gebäude, horizontal unter dem Boden und durch die Hohlräume in Zwischendecken.

KABELVERLEGUNG →

Die Kabel werden im Boden und in den Wänden in horizontalen und vertikalen Schächten verlegt.

WASSERANSCHLUSS

Wasser wird sowohl oberirdisch aus Flüssen und Strömen als auch unterirdisch aus Regenwasser gewonnen, nachdem es durch die Bodenschichten in das Grundwasser gesickert ist. Das städtische Versorgungssystem bezieht es aus großen Speichern, aus denen es in die Hauptleitungen unter jeder Straße gepumpt wird. In entlegenen Gebieten wird das Wasser aus privaten Grundwasserbrunnen in den Vorratstank des Gebäudes gepumpt

REINIGUNG

Zunächst werden Sedimente herausgefiltert, Keime durch Chlorzusatz abgetötet und hartes Wasser durch chemischen Salzentzug weicher gemacht. Sehr hartes Wasser erhöht die Korrosion der Leitungen und verursacht Schäden durch Kesselsteinbildung.

VERTEILUNG

In jedem Gebäude wird Wasser benötigt: zum Trinken, Kochen, Putzen und Waschen sowie für Sanitärinstallationen, Heizungs- und Kühlsysteme und Brandschutz. Der Druck, unter dem Wasser in Gebäude geleitet wird, wird in „bar" ausgedrückt (Höhe, auf die das Wasser der Hauptleitung in einer senkrechten Leitung steigt). Dieser Druck ist hoch genug, damit das Wasser vertikal über Leitungen bis in Tanks und Zisternen steigen kann. Ventile regulieren den Durchfluss zu jeder Installation und sperren bei Reparatur und Wartungsarbeiten das Wasser ab.

ENTWÄSSERUNG

In Wohngebäuden achtet man bei Bädern und Küchen auf rationales Design, indem die Verteilung des Rohrlaufs reduziert wird, um einen ökonomischen, durchdachten Verbrauch zu gewährleisten. Jede Sanitärinstallation spült das Wasser über verzweigte Nebenrohre in ein abwärts verlaufendes Sammelrohr. Dieses Rohr ist mit einem unterirdischen Drainagerohr verbunden, das wiederum in den öffentlichen Abwassersammelkanal mündet. Abwasser aus allen Installationen heißt Grauwasser, das Abwasser der Toilette Schwarzwasser. Drainagerohre müssen aus geeignetem Material und von passender Größe sein und ein Gefälle hin zum Abwasserkanal haben.

STROMANSCHLUSS

Strom liefert lebenswichtige Elektrizität, z. B. für Heizung, Licht, Geräte, Sicherheits- und Kommunikationseinrichtungen. Mit zunehmender Technologisierung werden auch durch die Gestaltung und Installation von Stromanschlüssen immer flexiblere Systeme geschaffen. Die Kabelschächte verlaufen horizontal oder vertikal in den Wänden – so sind die Leitungen leicht auffindbar, und Schäden bei Neuverlegungen bleiben begrenzt.

VERTEILUNG

Strom fließt durch unterirdische Kabel und einen Netzanschlusskasten, bevor er über mehrere Stromkreise im Gebäude verteilt wird. Eine eigene Sicherung, die bei Überlastung durch ein Gerät (wie z. B. einen Herd) den Kreis unterbricht, schützt jeden Stromkreis. Für den Beleuchtungsstromkreis mit geringen Strömen genügt eine einfache Sicherung. Die separaten Stromkreise ermöglichen eine Isolierung für Reparaturen und die Installation der richtigen Leitungsdurchmesser für die maximale Last. Jeder Stromkreis ist gemäß seiner Beanspruchung selektiv abgesichert. Schutz bietet auch die Erdung: Setzt ein lockeres Kabel ein Gerät gefährlich unter Strom, springt die Sicherung heraus und unterbricht den Stromkreis.

SCHUTZMASSNAHMEN

Schalter unterbrechen den Stromfluss in einem Gerät, während die Quelle spannungsführend bleibt. Zur Sicherheit montiert man im Bad nur isolierte Schnurschalter, alle anderen Schalter außerhalb des Raumes. Steckdosen im Bad werden außer Reichweite von Sanitäreinrichtungen installiert, ausgenommen Sicherheitssteckdosen mit einem Trenntrafo (z. B. für Rasierapparate). Elektroinstallationen dürfen nur Fachleute einbauen,

aber der Designer muss mit den räumlichen Gegebenheiten, dem Betrieb und den Sicherheitsvorgaben vertraut sein.

GASANSCHLUSS

Gas ist die einfachste Versorgungstechnik. Das aus Kohle und Öl künstlich hergestellte Stadtgas wurde vor langer Zeit von Erdgas abgelöst, das direkt aus natürlichen Quellen und meistens bei der Ölförderung gewonnen wird. In den USA sowie in den meisten Ländern Europas stellt Erdgas die ökonomischste und praktischste Methode für Heizung, Kochen etc. dar.

VERTEILUNG

Die Gasversorgung erfolgt über ein regionales Verteilernetz. Die Installationen im Haus ähneln denen der Wasserversorgung. Die Gaszufuhr erfolgt gewöhnlich auf möglichst niedrigem Niveau. Danach folgen Absperrhahn, Druckregler, Gasuhr und schließlich die Verteilung über Leitungen. Die kupfernen Gasleitungen haben einen Durchmesser von 25, manchmal auch nur 15 mm, je nach dem zu versorgenden Gerät – Boiler, Herd, Heißwassergerät oder Heizung.

SCHUTZMASSNAHMEN

Obwohl Erdgas weniger giftig ist als Stadtgas, kann es zum Erstickungstod führen und setzt bei unvollständiger Verbrennung in defekten Geräten Kohlenmonoxid frei. Die Leitungen verlaufen nicht durch Schlafzimmer, da ein Leck tödliche Folgen haben kann. Man installiert Zähler und Rohre nie in unbelüfteten Hohlräumen, damit Lecks sofort bemerkt werden.

HEIZUNGS-, LÜFTUNGS- UND KLIMAANLAGEN (HVAC)

Der Zweck von HVAC-Systemen besteht darin, die Raumbedingungen an die Außenbedingungen anzupassen und so eine den praktischen Bedürfnissen des Menschen entsprechende komfortable Umgebung zu schaffen.

HEIZUNG

Die Wahl der Energiequelle zur Beheizung eines Gebäudes – fester Brennstoff, Öl, Gas oder Strom – basiert auf Wohnkomfort und Wirtschaftlichkeit. Der Kontrollaufwand für die Schaffung angenehmer Bedingungen, Aussehen, Lage, Wartung, Kundendienst und Einbau sowie Betriebskosten sind ausschlaggebend für die Wahl des Heizsystems.

VERTEILUNG DER WÄRME

Wärme wird über Direktheizung, Elektroheizung, Boiler oder Heizkörper verteilt. Eine Zentralheizung wandelt den Brennstoff innerhalb einer zentralen Anlage in Wärme um, bevor diese über Rohre und Kanäle weitergeleitet wird. Ein effizientes System produziert maximale Wärme mit minimalem Materialeinsatz zu Niedrigpreisen. Wasser ist in der Regel das effizienteste und aus Kostengründen am weitesten verbreitete Medium.

LÜFTUNG UND LUFTQUALITÄT

Die Lüftung sorgt für Sauerstoffzufuhr und Luftzirkulation zur Vermeidung von Überheizen, Verschmutzung oder Gerüchen. Die natürliche Lüftung fällt in die Zuständigkeit des Designers und erfolgt über Fenster und Türen. Fehlt eine natürliche Lüftung, ist eine mechanische Lüftung oder Klimaanlage unverzichtbar.

VERTEILUNG DER LUFT

Mechanische Lüftungen oder Klimaanlagen pumpen die Luft durch Sauglüfter und verteilen sie über ein Netz aus Schächten. Im Winter wird die Luft dabei erwärmt, im Sommer abgekühlt. Effiziente Systeme sollten eine Wärmerückgewinnung ermöglichen.

SCHUTZMASSNAHMEN

Besteht die Gefahr gefährlicher oder umweltschädlicher Dämpfe und Verschmutzung, sollten entsprechende Abzugshauben oder Entlüfter eingebaut werden.

EINHEIT 20

BELEUCHTUNG

ZIELE
· Erzielen unterschiedlicher Lichteffekte
· Wahl geeigneter Leuchtmittel
· Erstellen eines Beleuchtungsplans

Ein guter Beleuchtungsplan zielt darauf ab, einen Raum wirken zu lassen und sein Design zu optimieren. Für alle Aktivitäten – Arbeit, Erholung oder die Ausführung einer bestimmten Aufgabe – benötigen wir Licht. In einem Beleuchtungsplan werden alle Hauptaktivitäten verzeichnet, um die Platzierung geeigneter Lichtquellen im Raum zu ermitteln.

Die Beleuchtung ist eines der wichtigsten Elemente jedes Interieurs, und die Vorarbeit für eine erfolgreiche Lösung muss in den ersten Entwurfsphasen erfolgen. Ohne Strom an den richtigen Stellen und einer groben Vorstellung davon, wie Sie Lichteffekte erzielen, könnte das Ergebnis enttäuschend ausfallen.

WAS IST LICHT?
Sowohl natürliches als auch künstliches Licht besteht aus Farben unterschiedlicher Wellenlänge – den Spektralfarben. Weißes Licht ist eine Kombination dieser Wellenlängen. Die Farbe des Lichtes selbst, seine Farbtemperatur und unsere Wahrnehmung von Farbe hängen von der Anzahl dieser Wellenlängen ab. Für die Erarbeitung eines Beleuchtungsplans benötigen Sie bestimmte Informationen über die verfügbaren Lichtquellen sowie über ihre Wirkung auf den Raum.

BELEUCHTUNGSPLAN

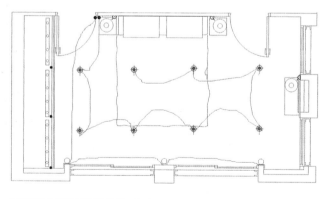

GENAUES DIAGRAMM
Der Plan zeigt die Platzierung der Leuchtmittel und ihre Lage im Stromkreis des Raumes.

LEGENDE

In die Decke eingelassene QRCB51Niederspannungslampen mit 50 W

GLSStehlampen mit 60/100 W, 5 Ampere (Wahl des Kunden)

Wandleuchten mit Niederspannung

Integrierte Deckenleuchten (Wandschrank), QTLPax mit 10 W (türgesteuert

Wandlichtschalter

Schalter für türgesteuerte Leuchten

GALERIE ↑
Ein Ausstellungsraum braucht eine gute Lichtverteilung und eine spezielle Beleuchtung für die Exponate.

HELLIGKEIT UND REFLEKTION VON OBERFLÄCHEN

Bei Ihrer Planung der Beleuchtung müssen Sie die Farben der Oberflächen berücksichtigen. Helle, reflektierende Farben werfen das Licht zurück und machen den Raum heller, dunkle, kaum reflektierende Oberflächen hingegen absorbieren das Licht. Dieser Effekt verringert die wahrgenommene Helligkeit, verglichen mit einem lichten Raum, in dem die gleichen Lampen mit den gleichen Wattzahlen installiert wurden. Die Farbwiedergabe bezeichnet die Wirkung, die Licht bei Farben im Raum erzielt, sowie das Erscheinungsbild der Farben im Raum bei Beleuchtung.

LAMPEN

In Verbindung mit Beleuchtung bezieht sich der Begriff „Lampen" nicht auf dekorative Leuchten, sondern auf Glühlampen. Es gibt eine breite Palette an Lampen in vielen Formen und Größen. Künstliche Lichtquellen bzw. Glühlampen werden in zwei Gruppen unterteilt, je nachdem, wie sie Licht erzeugen.

LED- und Glasfaserleuchten

Diese Leuchten erhellen einen Raum auf unterschiedliche Art, haben aber den gemeinsamen Vorteil, dass sie nicht heiß werden und kaum wartungsanfällig sind. Sie eignen sich daher vor allem für Orte, an denen andere Lampen unpraktisch sind oder zu schnell verschleißen.

Weiß glühende Lampen

Diese Glühlampen erzeugen Licht, wenn Strom durch den Glühdraht fließt, diesen erhitzt und zum Glühen bringt. Sie werden in Nordeuropa und Nordamerika vor allem im Wohnungsbau verwendet, und ihr warmer Schein ist uns allen vertraut. In natürlichem Tageslicht finden wir alle Spektralfarben und somit alle

„LEUCHTKÖRPER" ↓
Frei stehende Leuchten erhellen bestimmte Raumbereiche und unterstreichen dekorativ das Design.

DER ERSTE EINDRUCK ←
Die dekorative Beleuchtung sorgt für einen starken ersten Eindruck in diesem Eingangsbereich.

Wellenlängen. Ist die Farbtemperatur entscheidend, sind weiß glühende Lichtquellen die erste Wahl bei künstlicher Beleuchtung. Von Nachteil sind bei diesen Lichtquellen ihre geringe Effizienz und vergleichsweise kurze Lebensdauer, da der Glühdraht im Lauf der Zeit verglüht und schließlich reißt.

Leuchtstofflampen

Bei Stromdurchfluss entlädt sich das Gas in der Röhre und beginnt zu leuchten, indem es UV-Strahlung aussendet. Das entstandene unsichtbare Schwarzlicht wird durch den Leuchtstoff Phosphor an der Röhreninnenseite in sichtbares Weißlicht umgewandelt. Quantität und Art der Phosphorschicht beeinflussen die Farbtemperatur und -wiedergabe. Diese effizienten fluoreszierenden Lampen gibt es in unterschiedlichen Ausführungen für verschiedenste Ansprüche.

Halogenlampen

Halogenlampen zählen zu den weiß glühenden Lichtquellen, bei denen der Strom einen Draht erhitzt, bis dieser zu glühen beginnt und Licht abgibt. Der Glühdraht befindet sich in einem Glaskolben, der mit einem Gas gefüllt ist, das ein sofortiges Verbrennen des Drahtes verhindert und somit die Lebensdauer der Lampe erhöht. Halogenlampen sind mit Jod oder Bromid gefüllt, die ein helleres Glühen und langsameres Verbrennen bewirken. Lampen mit niedriger Spannung (12 Volt) haben einen kürzeren, dickeren Draht, der ein helleres, intensiveres Licht erzeugt als 240-Volt-Lampen, da die Oberfläche des Drahtes größer ist.

HID-Lampen (High Intensity Discharge)

HID-Lampen erzeugen Licht durch Gasentladungen und die Anregung von verschiedenen Metallverbindungen bei Stromdurchfluss. Sie haben eine lange Lebensdauer, da sie keinen Glühdraht haben, und verbrauchen bei gleicher Lichterzeugung weniger Strom als Glühl- oder Halogenlampen. Die Gasart und der Druck im Quarzkolben bestimmen die Farbtemperatur und -wiedergabe. Mit Natrium gefüllte Lampen erzeugen unter geringem Druck das gelbe Licht von Straßenlaternen, mit Quecksilber gefüllte Lampen erzeugen unter hohem Druck weißeres Licht und geben feine Farbnuancen exakter wieder.

Weitere Lampen

Neben diesen gängigen Leuchtmitteln gibt es noch weitere Gasentladungslampen, die Licht durch Gasentladungen bei Stromdurchfluss im Glaskörper erzeugen. Eine andere Kategorie bilden die Induktionslampen, wobei Licht über kinetische Energie mit

VIELSEITIGE BELEUCHTUNG ←
Die geplante Beleuchtung kann Konstruktionsmerkmale hervorheben. Hier wird die Treppe beleuchtet und wirkt so wie eine Installation.

magnetischen Ladungen entsteht. Beide Arten kommen dort zum Einsatz, wo in erster Linie Effizienz und lange Lebensdauer gefordert sind, finden jedoch nur selten im Wohnungsbau Anwendung.

EINE FRAGE DER HELLIGKEIT

Die Beleuchtungsstärke wird in „Lux" gemessen. Durch Berechnung des Lux-Wertes können wir die Helligkeit in einem Raum ermitteln. Obwohl wir einen rechnerischen Wert erhalten, erfahren wir über die Wirkung der Beleuchtung nicht wirklich etwas. Darüber hinaus ist Helligkeit subjektiv und jeder Mensch nimmt sie anders wahr. Häufig bestehen Beleuchtungspläne aus einem Leuchtmittelraster in der Decke, das den Raum gleichmäßig erhellt. Unberücksichtigt bleiben dabei z. B. das Möbellayout, Kunstobjekte oder architektonische Charakteristika – die Atmosphäre geht verloren. Studieren Sie die Beleuchtung von Räumen, in denen Sie sich wohl fühlen. Finden Sie die Positionierung der Leuchten heraus und beachten Sie die Betonung verschiedener Elemente durch Licht.

ALTE PFADE, NEUE WEGE

Eine gleichmäßige Beleuchtung eines Raumes ist nicht unbedingt die kreativste Lösung – manchmal führt Flexibilität zu mehr Erfolg. Betrachten Sie jeden Raum. Stimmen Sie die geplante Beleuchtung auf die speziellen Aktivitäten ab. Berücksichtigen Sie Arbeits-, Erholungs-, Spiel- und Essbereiche und planen Sie Ihre Leuchtmittel entsprechend. Für die meisten Räume ist wahrscheinlich eine gleichmäßige Beleuchtung erforderlich, die sich für verschiedene Aktivitäten eignet. Alternativ ermöglichen mehrere Stromkreise eine flexible Anpassung des Lichtes an die unterschiedlichen Aktivitäten durch Variieren der Lichtmenge und -quelle.

PRÄSENTATION IHRER IDEEN

Lichteffekte sind schwer zu demonstrieren. Man kann virtuelle Bilder kreieren, allerdings ist dies für Laien sehr zeitraubend. Sammeln Sie daher Bilder Ihrer bevorzugten Lichteffekte, die Sie dann auf einer Ideentafel präsentieren können. Die Platzierung der Leuchtmittel und die Stromkreise werden in einem Beleuchtungsplan dargestellt (*siehe* S. 96), einem einfachen Plan mit verschiedenen Symbolen, die in einer Legende erläutert werden. Die Symbole werden miteinander verbunden, um die einzelnen Stromkreise zu zeigen.

SPIELEN MIT LICHT ↓
Kunst- und Naturlicht schaffen ein helles Obergeschoss und eine unterirdisch wirkende Atmosphäre unten.

EINSTRÖMENDES LICHT ←
Das Dachfenster wirft schönes Licht auf die Materialien, und die Wandleuchten verstärken den Effekt.

PROJEKT

Die Beurteilung der Beleuchtung in Ihrer Wohnung eignet sich gut, um herauszufinden, wie Licht die positive Wahrnehmung von Räumen beeinflusst.

VORGEHENSWEISE

Betrachten Sie zwei Räume und listen Sie alle darin stattfindenden Aktivitäten auf. Wählen Sie einen betriebsamen Bereich wie z. B. die Küche und einen Erholungsbereich wie die Sitzecke oder das Schlafzimmer. Wie viele Leuchten gibt es in diesem Raum? Entspricht die Beleuchtung den verschiedenen Aktivitäten? Beachten Sie die Raumaufteilung und die Positionierung der Möbel.

ERGEBNIS

Notieren Sie alle Lichtquellen mit ihrer Positionierung, die Sie für geeignet halten, sowie alle, die Sie verändern wollen. Entwerfen Sie einen Beleuchtungsplan und erstellen Sie eine Mustertafel zur Veranschaulichung Ihrer Produktwahl und deren Spezifikationen.

EINHEIT 21

FARBE UND RAUM

ZIELE
- Grundlagen der Farbentheorie
- Grundbegriffe der Farbenlehre
- Erstellung eines Farbschemas

Stellen Sie sich eine Welt ohne Farbe vor! Farbe ist mehr als nur ein ästhetisches Werkzeug – sie liefert uns wichtige Informationen über unsere Umgebung und dient uns als Kompass bei unseren Aktivitäten. In der Innenarchitektur erfüllt Farbe praktische, dekorative und architektonische Aufgaben – sie vermittelt uns das Gefühl von Ort und Identität. Der Designer gestaltet unsere Umgebung, indem er von Anfang an Farben in den Entwurfsprozess einbindet. Die Grundlagen und -begriffe der Farbenlehre bilden den Schwerpunkt dieser Einheit. Die Anwendung der Farbharmonie integriert Farben als eines der zentralen Designelemente in die Gestaltung von Innenräumen.

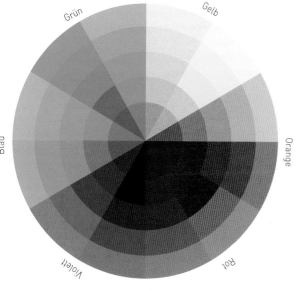

FARBKREIS ↑
Der Farbkreis ist ein wertvolles Instrument. Die Farben – Rot, Orange, Gelb, Grün, Blau und Violett – sind in Kreissegmenten angeordnet, um ihre Beziehungen zueinander darzustellen. Mit dem Kreis erfassen und veranschaulichen Sie Primär-, Sekundär- und Tertiärfarben sowie Komplementärfarben und harmonische Farbkompositionen.

Beachten Sie bei der Wahl von Texturen oder Farben für einen Entwurf, dass Farbe ein wichtiges Designinstrument mit großer Wirkungskraft ist. Sie kann Objekte filigraner oder wuchtiger, Räume wärmer oder kälter und Flächen näher oder weiter entfernt erscheinen lassen. Generell verkürzen warme Farben wie Rot oder Gelb räumliche Distanzen (z. B. rücken Wände näher), während kalte Farben wie Blau oder Grün weiter entfernt wirken. Auch Helligkeit oder Intensität beeinflussen maßgeblich den Eindruck von Nähe bzw. Distanz. Eine helle glänzende Farbe wirkt nah, eine dunkle matte entfernt. Zwar lassen sich bestimmte allgemeine Aussagen treffen, jedoch ist die Farbwahrnehmung primär subjektiv und beruht auf persönlichen Präferenzen sowie unserem ästhetischen Wohlbefinden.

FARBENLEHRE UND GRUNDBEGRIFFE
Eine einfache Farbmischung der drei Primärfarben Rot, Gelb und Blau ergibt die Sekundärfarben Orange (Rot und Gelb), Grün (Gelb und Blau) und Violett (Blau und Rot). Eine Primärfarbe gemischt mit einer Sekundärfarbe erzeugt eine Tertiärfarbe: Rotorange oder Blaugrün. Die drei Sekundärfarben stehen den Primärfarben im Farbkreis genau gegenüber und bilden somit deren Komplementärfarben (Grün/Rot, Violett/Gelb und Orange/Blau).

Der Buntton dient der Unterscheidung der Farben: z. B. Rot von Orange, oder Orange von Gelb. Der Farbton hingegen bezeichnet die Abstufung innerhalb einer Farbe: Rot kann z. B. bläulich oder gelblich sein. Das menschliche Auge ist in der Lage, Millionen verschiedener Farbtöne zu unterscheiden. Der Value bzw. die Farbtiefe wiederum definiert numerisch den Hell-Dunkel-Wert einer Farbe. Hellblau weist folglich einen hohen, Dunkelblau einen geringen Value auf. Auch der Schwarz-Weiß-Gehalt eines neutralen Grau kann mit dem Value definiert

werden. Das Chroma, manchmal auch als Intensität, Reinheit oder Buntheit bezeichnet, bezieht sich auf die Sättigung oder relative Reinheit einer Farbe. Farben mit einem hohen Chroma ähneln stark reinen Bunttönen.

FARBRÄUME ↑
Die Innenarchitektur dieses Geschäfts ist inspiriert von der Farbe seiner Produkte und nutzt diese für die Isolation der Wände. Die Wände dienen gleichzeitig als Lagerräume. Der gespenstische Effekt der Farbmuster kann durch transparente Abdeckungen beobachtet werden.

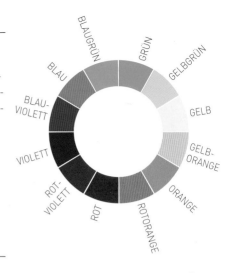

FARBHARMONIE

Farbharmonie bezeichnet die Kombination von Abstufungen eines Farbtons, die wir als wohltuend ästhetisch empfinden. Sie dient der Abstimmung von Farben mit dem Ziel, Harmonie zu schaffen. Unter Berücksichtigung einiger Grundregeln können Sie damit erfolgreich Farbschemata für Räume kreieren.

PROJEKT

Sammeln Sie einige Stoffmuster und wenden Sie die Farbenlehre auf Ihre Stoffe an, indem Sie drei verschiedene Farbschemata kreieren. Gehen Sie bei der Wahl Ihrer Texturen und Fasern innovativ vor, um den größtmöglichen Nutzen aus dieser Übung zu ziehen.

VORGEHENSWEISE

Teilen Sie die gesammelten Muster zunächst in drei verschiedene Farbharmonien ein: monochrom, kontrastierend und komplementär. Nachdem Sie die Farbgruppen zusammengestellt haben, recherchieren Sie Bilder von Raumdesigns, die Ihren Schemata entsprechen.

ERGEBNIS

Pträsentieren Sie Ihre Farbbschemata auf einer DIN-A2-Tafel mit den gesammelten Bildern. Ergänzen Sie die Muster und Bilder mit Notizen als wertvolle Informationen für einen potentiellen Kunden. Zeigen Sie Ihre Arbeit einem Freund oder Kollegen, um die Wirkung der Präsentation zu testen.

MONOCHROM ↘

Diese Farbharmonie tritt überwiegend in der Natur auf, wie z. B. in den unzähligen Grünschattierungen von Blättern. Monochrome Harmonie heißt Harmonie eines Bunttons bzw. die Kombination von Farben, die von den Abstufungen eines einzigen Farbtons abgeleitet wurden. Diese Schemata wirken entweder warm oder kalt, sind aber nicht stringent neutral. Sie schaffen ein angenehmes, entspannendes Ambiente, da sie gut mit den meisten Lichtverhältnissen harmonisieren. Monochrome Schemata erhalten durch die Addition einer neutralen Farbe wie Weiß, Grau oder Schwarz einen kühlen Anstrich.

KOMPLEMENTÄR ↘

Die komplementäre Farbharmonie erzeugt durch die Verwendung einander auf dem Farbkreis direkt gegenüberliegender Farben starke Kontraste. Der Designer kann Intensität und Tiefe zweier komplementärer Farben wie Rot und Grün durch die starke Kontrastwirkung voll ausschöpfen. Tönen Sie zur Erzielung eines wirkungsvollen Kontrasts eine bzw. alle Farben ab oder trennen Sie diese durch auf dem Farbkreis nebeneinander liegende bzw. neutrale Farben wie Weiß und Grau. Erfolgreiches Design beruht auf variierenden Anteilen von Komplementärfarben und dem Grundsatz der Ausgewogenheit als Maß aller Dinge – keine Einzelfarbe sollte das Gesamtschema dominieren.

KONTRASTIEREND ↘

Farbkontraste bieten ein hohes Maß an visueller Stimulierung. Verlassen wir einmal den sicheren Hafen der harmonischen Farbkomposition: Akzentfarben betonen eine Farbharmonie, indem sie einen starken Kontrast zu dieser bilden. Sie liegen auf dem Farbkreis den gewählten Farben gegenüber und sind folglich Komplementärfarben. Nehmen Sie diese Farben in geringen Anteilen in das Schema auf, um das Farbempfinden zu verstärken. Sie werden ihre Wirkung nicht verfehlen und sowohl Farbharmonien als auch Akzentfarben intensivieren.

MONOCHROM

Dieses Farbschema geht vom Grün aus dem Farbkreis aus und entwickelt daraus durch Zugabe von Schwarz oder Weiß eine harmonische Farbreihe.

KOMPLEMENTÄR

Dieses Schema nimmt die Komplementärfarben Rot und Grün, die sich im Farbkreis gegenüber liegen und ergänzt diese um einen Rotton und ein neutrales Dunkelgrau.

KONTRASTIEREND

Hier dienen zwei auf dem Farbkreis nebeneinander liegende Blautöne als Ausgangspunkt. Akzente werden durch die Komplementärfarbe Gelb gesetzt.

DAS MUNSELL-FARBSYSTEM

1915 stellte Albert Munsell seinen auf „empfindungsgemäßer Gleichabständigkeit" beruhenden dreidimensionalen Farbatlas vor. Heute ist dieser Atlas das bei der Reproduktion von Farben am weitesten verbreitete System. Seit Munsells Tod 1918 produziert die Munsell Colour Company Farbkarten, Farbskalen und Farbstandards für die Kreativbranche sowie für die Geologie, Archäologie und Biologie. In der Innenarchitektur dient das Munsell-Farbsystem dem exakten Einordnen und Beschreiben von Farbe mit Hilfe der drei Dimensionen „Hue" (Farbton), „Value" (Index für die Helligkeit) und „Chroma" (Sättigungsstufe).

Hue

Hue ist die Ordnungszahl einer Farbe in einem Farbkreis, den Munsell beschreibt als „die Qualität, anhand derer wir Rot, Gelb, Grün, Blau oder Purpur von den jeweils anderen Farben unterscheiden". Dieser erste Parameter bezieht sich auf die Position des Farbtons im Farbkreis, enthält jedoch keine Informationen zu Helligkeit oder Sättigung. Das Munsell-System beruht auf zehn Farbtönen mit den fünf Hauptfarben Rot, Gelb, Grün, Blau und Purpur sowie fünf Zwischentönen.

Value

Value bezeichnet die Position einer Farbe auf einer senkrechten Achse und ist nach Munsell „die Qualität, nach der wir eine helle von einer dunklen Farbe unterscheiden". Dieser Parameter liegt auf einer Achse mit ansteigender Helligkeit, an deren unterem Ende Schwarz das Fehlen von Licht und an deren Spitze Weiß reines Licht darstellt. Zwischen diesen beiden Polen liegen die verschiedenen Grauabstufungen. Umgangssprachlich wird Value gerne mit Farbtiefe gleichgesetzt, wobei geringe Helligkeit eine dunkle Farbe (z. B. eine Schattierung) und hohe Helligkeit eine helle Farbe (z. B. eine Abtönung) bezeichnet.

Chroma

Chroma ist der Messwert einer Farbe auf einer waagrechten Achse und wird, ausgehend von der senkrechten Achse des dreidimensionalen Systems, von innen nach außen angegeben. Wir können eine Farbe über ihren Farbton oder über ihre Helligkeit bestimmen, doch erst diese dritte Dimension vervollständigt ihre Beschreibung. Das Chroma gibt die Sättigung einer Farbe an, d. h. Intensität und Reinheit bzw. den Mangel an Weißanteil oder wie weit eine Farbe von einem Grauwert gleicher Intensität entfernt ist. Die Harmonie von Farbe beruht auf dem Grundsatz, dass nicht alle Farbtöne auf

allen Value-Ebenen die gleiche Anzahl von Sättigungsstufen enthalten. Die Chromawerte sind somit für verschiedene Farbtöne und Helligkeiten unterschiedlich. Der Chromawert von Rot ist zweimal so hoch wie der von Blaugrün; folglich sind mehr Stufen notwendig, um Grau zu erreichen. Purpurblau erreicht seinen höchsten Chromawert erst auf der vierten, Gelb auf der siebten Stufe.

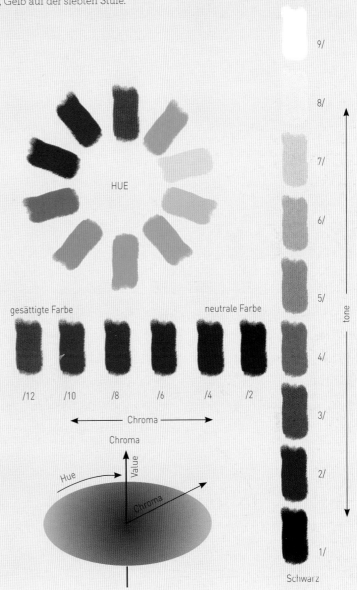

EINHEIT 22

MÖBEL

ZIELE

- Verstehen, wie Möbel auf den Raum wirken
- Möbel an die Bedürfnisse des Kunden anpassen
- Überlegen, wie man Möbel vielseitig verwendbar gestaltet

Möbel sind ein wichtiges Element der Innenarchitektur, sie verbinden uns mit unserer Umgebung und geben unseren Handlungen und Ausdrücken Form und Struktur. Die Funktion ist wichtig, ist aber nicht der einzige Faktor für die Innenarchitektur. Ein Augenmerk auf Details, Ausführung und Material sowie deren Wirkung auf die Eigenschaften des Raumes ist auch wichtig und kann die gesamte Innenarchitektur bereichern.

Möbeldesign kann einen Kultstatus erlangen und neue Maßstäbe schaffen, entweder durch innovative Materialien oder durch seine Wirkung auf den Raum. Gutes Möbeldesign zeichnet sich auch durch eine effektive Produktion aus. Es reicht von flach verpackten Massenprodukten, die der Käufer schnell erwirbt und aufbaut, bis hin zu anspruchsvollen Einzelanfertigungen.

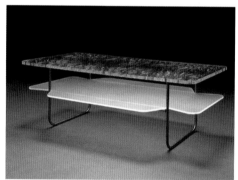

TAKTILE TISCHE ←

Die Tische aus Acryl schaffen Schichten und Transparenz gleichzeitig. Mit Struktur und Ornamenten bringen sie Farbe, räumliche Tiefe und Form. Transparente Kanten und Materialien bringen Schwerelosigkeit in den Raum und projizieren je nach Beleuchtung Farbe und Formen.

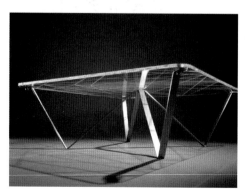

TRENNWÄNDE →

Die Trennwände erschließen das Konzept der Flexibilität durch falt- und stapelbare Komponenten. Farbige Bänder aus Acryl werden in verschiedenen Konfigurationen und Ausführungen zu vertikalen Wänden zusammengesteckt. Als Materialien finden durchscheinendes und transparentes mattes Acryl und fluoreszierenden Kanten sowie helles und dunkles Holz Verwendung.

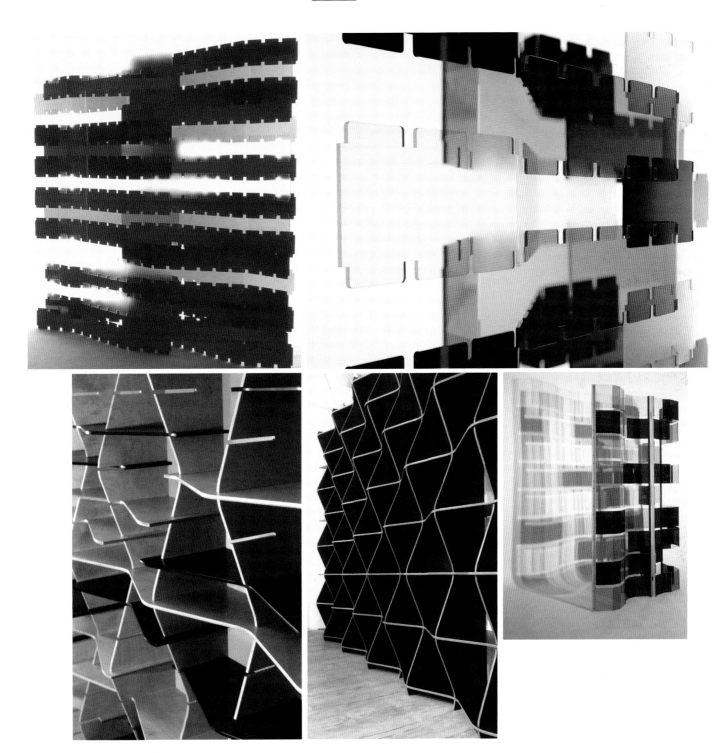

Bei der Innenarchitektur geht es um die individuelle Gestaltung, die Umwandlung von Räumen durch Personalisierung. Die Hybridität ist ein Faktor, der Personalisierung und Nutzung zusammenführt, damit Objekte den Personen besser dienen können.

Mit Möbeln kann man Räume in Bereiche für Arbeit, Erholung und Spiel unterteilen. Unsere Objekte sind Raumerzeuger. Sie aktivieren unsere Räume und unterstützen uns bei unseren Aktivitäten. Unsere Interaktion mit Objekt und Raum ermöglicht uns die effektive Schaffung und Nutzung sinnvoller Umgebungen.

HYBRID-SCHAUKELSTUHL

Design ist eine bewusste Tätigkeit. Oft geht es nicht darum, etwas Neues zu schaffen, sondern die vorhandene Umgebung zu verbessern. Jedesmal, wenn Sie auf diesem faltbaren Schaukelstuhl sitzen, wird die Tätigkeit des Sitzens neu definiert, denn die beiden Objekte – der Schaukelstuhl und das Nähkästchen – werden eines, was dem Objekt eine völlig neue Erfahrung verleiht. Dieser Hybridstuhl basiert auf mehreren Designstrategien, von der Neuappropriation und der Materialität bis hin zu nachhaltigen, ethischen Designpraktiken.

Designer versuchen, Produkte und Objekte für Innenräume weniger anonym, begehrenswerter und persönlicher zu gestalten. Die Personalisierung stimuliert das Designdenken und stellt Fragen zu Funktion, Spontaneität und Sinn als Faktoren der Designtransformation. Zwei zerlegte Objekte – der alte Schaukelstuhl und das Nähkästchen –, werden zu einem neuen Design: einem faltbaren Stuhl, der weiterhin schaukeln kann, aber vielseitiger wird und verspielter mit den Materialien umgeht. Die Komponenten werden als stilistische und strukturelle Elemente zusammengeführt, um eine neue Geschichte zu schaffen, die in Form und Funktion verspielt und gleichzeitig agil ist. Das Design selbst führt eine neue Beziehung zwischen Nutzer und Objekt ein und bringt das „nomadische" Verhalten von Reisen und Mobilität in das Design ein.

FALTBARER SCHAUKELSTUHL
Technische Zeichnung

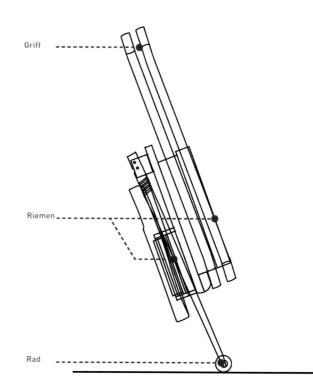

Griff

Riemen

Rad

OBJEKT IN AKTION ↑ →
Die Bewegung des Schaukelstuhls vermittelt ein Gefühl der Interaktion und den Sinneseindruck des Schaukelns.

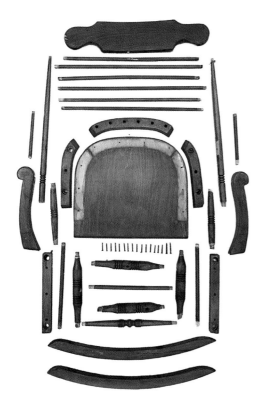

FALTBARER SCHAUKELSTUHL
Einzelteile

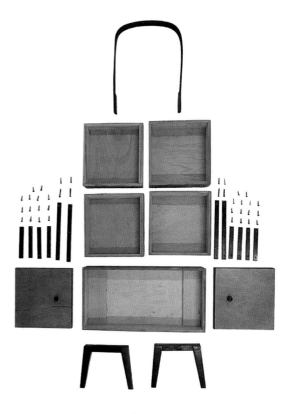

NÄHKÄSTCHEN
Einzelteile

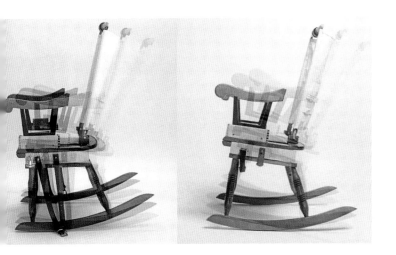

MATERIALKONTRASTE ↑

Materialkontraste bestimmen die weichen und harten
Elemente der Struktur, also der hölzerne Rahmen, die
Metallgelenke und die Stoffstreifen, aus denen Rücken-
lehne und Sitzfläche bestehen.

EINHEIT 23

ERSTELLEN EINES LEISTUNGSPROFILS

ZIELE

- Aufbau eines eigenen Leistungsprofils
- Katalogisierung von Produkten und Materialien
- Hersteller und Lieferanten besuchen

Die Ermittlung und Spezifizierung von Produkten, Materialien und Leistungen ist sehr arbeitsintensiv. Am Puls der Zeit zu sein und die neuesten Designtrends zu kennen heißt, Fachpublikationen und Muster in großem Umfang zu sammeln sowie Adressverzeichnisse mit wichtigen Kontakten zu führen. Ihr persönliches Leistungsprofil erleichtert Ihnen die schnelle und effiziente Organisation Ihrer Ressourcen und stellt sicher, dass Sie Ihr wertvolles Produkt und Leistungsarchiv stets griffbereit haben.

In den letzten Phasen des Entwurfsprozesses fließt die meiste Arbeit in die Spezifizierung und Beschaffung von Produkten und Dienstleistungen. Der Kunde möchte wissen, wofür sein Geld ausgegeben wird – Produktinformationen und Materialmuster müssen daher rechtzeitig vorbereitet werden. Halten Sie Alternativen bereit, falls Ihre Materialwahl nicht die Zustimmung des Kunden findet. Ob Bodenbeläge, Leuchtmittel oder Türausführungen – Sie sind gut beraten, bei einer Präsentation mehr als ein Produkt zur Hand zu haben, obwohl Sie nicht sofort Ihre gesamte Palette anbieten sollten.

Sammeln Sie zunächst so viele Informationen wie möglich. Sortieren Sie Ihr Material dann in einem umfassenden Verzeichnis und gehen Sie dabei nach der auf Seite 109 beschriebenen Checkliste vor. Dieses Verzeichnis bildet die wertvollste Grundlage beim Erstellen einer Spezifikation für Ihren Kunden.

VISUELLE VERWEISE ↓

Illustrationen und Verweise sind unverzichtbar, um bestimmte Finishes oder Charakteristika zu spezifizieren.

FARBPALETTE ←

Stoffproben und Farbmuster dienen der Auswahl von Farbschemata oder der Schaffung von Farbharmonien.

CHECKLISTE FÜR DAS LEISTUNGSPROFIL

Broschüren als Produktliteratur können heruntergeladen und platz-sparend digital gespeichert werden. Sie können auf Wunsch Papier-kopien für Kundenbesprechungen anfordern und diese unter densel-ben Titeln abspeichern. Halten Sie sich durch den Besuch von Mes-sen, durch Abonnements und Informationen von Lieferfirmen auf dem neuesten Stand.

Muster Lagern Sie Stoffe und andere Muster in nach dem gleichen System beschrifteten Schachteln, um den entsprechenden Katalog schnell zu finden. Da viele Ihrer Muster auf Mustertafeln verarbeitet werden, müssen Sie Ihre Bestände regelmäßig neu füllen.

Produktreferenzen Pinterest, Instagram und Flickr sind gute Online-Quellen für das Ablegen, Sammeln und Einpflegen von Infor-mationen in Designressourcen. Diese Referenzmaterialien sind äußerst nützlich für die Entwicklung von Ideen in den ersten Phasen der Produktauswahl und für die Erstellung von Präsentationen. Ergänzen Sie Ihre Sammlung ständig, sodass Ihr Archiv mit jedem neuen Projekt wächst.

ARCHIVIERUNG →
Bewahren Sie Muster in Schachteln auf und beschriften Sie diese gewissenhaft für einen schnellen Zugriff.

QUELLEN FÜR MUSTER ↘
Metall-, Holz-, Stein- und Laminatfinishes sind in Mustergrößen bei Herstellern erhältlich.

EINHEIT 24

AUFTRAGSSPEZIFIKATION

ZIELE

- Ausarbeitung einer Spezifikation
- Auswahl geeigneter Produkte und Materialien
- Arbeiten nach Kundenvorgaben

Sie vermuten richtig – der Begriff Spezifikation impliziert, dass Sie spezifizieren sollen. Nachdem der Kunde Ihrem Entwurfsvorschlag zugestimmt hat, gilt es, schriftlich die Details aller durchzuführenden Arbeiten zu spezifizieren. Dieses Leistungsverzeichnis ist ein Vertrag zwischen Ihnen, dem Kunden und dem Subunternehmer, dem so genannten Contractor, der bestimmte Arbeiten in Ihrem Auftrag ausführt.

UMFASSENDE SPEZIFIKATION ↓

Stellen Sie alle Produkte zusammen mit dem Grundriss dar und kennzeichnen Sie die Positionierungen. Holen Sie in einer formellen Präsentation die Zustimmung des Kunden ein und vergewissern Sie sich, dass sich der Kunde über die gesamten Projektkosten im Klaren ist.

Das Erstellen einer Spezifikation wirft zwangsläufig Fragen auf, die mit dem Kunden zu klären sind, bevor das Verzeichnis an den Contractor zur Einreichung von Angeboten geht. Sie müssen bei der Ausarbeitung Ihrer Spezifikation gründlich vorgehen, da fehlende Vorgaben oder Details dem Kunden zusätzliche Kosten verursachen und die Arbeiten vor Ort verzögern. Obwohl es keine Standardvorgehensweise gibt (die Anforderungen und somit das Leistungsverzeichnis sind bei jedem Projekt anders), müssen Sie beim Durchspielen des Auftrags eine Checkliste anfertigen. Mit wachsender Erfahrung verbessern sich Genauigkeit und Kompetenz in der Ausfertigung von Spezifikationen. Gehen Sie systematisch vor und archivieren Sie alte Spezifikationen.

SCHRITT 1

Teilen Sie das Projekt anhand der Protokolle der Kundengespräche in Leistungsphasen ein. Diese Phasen müssen jeden Raum oder Bereich, der verändert werden soll, abdecken. Beginnen Sie mit einer Bestandsaufnahme und listen Sie dann die bis zum Projektabschluss durchzuführenden Arbeiten auf. Ordnen Sie diese für jeden Raum unter passenden Überschriften wie Vorbereitung, Arbeitsaufwand, Demontage, Versorgungstechnik, Finishes, Tischlerei, Dekoration, Installationsobjekte und Elektrik.

SCHRITT 2

Ob Sie mit Bauunternehmern, Installateuren und Elektrikern verhandeln oder Maler und Raumausstatter organisieren – Sie müssen alle auszuführenden Arbeiten spezifizieren und vergeben. Gliedern Sie Ihre Überschriften entsprechend, sodass z. B. Bauarbeiten eine Spezifikation und Raumausstattung eine andere ergeben.

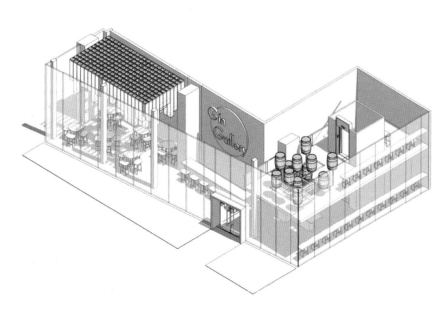

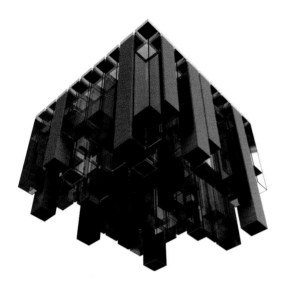

SCHRITT 3

Vergewissern Sie sich, dass jede Spezifikation mit den folgenden Bestimmungen (anwendbar oder angepasst) überschrieben ist, um eine vorschriftsmäßige Ausführung der Arbeiten zu gewährleisten:

„Alle Arbeiten sind im Einklang mit den gültigen Vorschriften durchzuführen. Zu diesem Zweck sind Best Practices gemäß ICC sowie die geltenden lokalen Normen anzuwenden."

„Zur Gewährleistung einer reibungslosen Durchführung der Arbeiten sowie zur Vermeidung von Störungen und doppelter Arbeitsausführung ist der Contractor rechtzeitig zu informieren und mit dem Bauleiter abzustimmen, zu welchem Zeitpunkt spätestens entweder die Materialien vom Bauleiter bereitzustellen oder Anweisungen vom Bauleiter an den Contractor zu erteilen sind."

„Der Bauleiter zeichnet verantwortlich dafür, dass die Baustelle zu jedem Zeitpunkt gesichert und aufgeräumt ist und sich nach Abschluss der spezifizierten Arbeiten in einem übergabefähigen Zustand für den Beginn der Dekoration befindet."

Vermerken Sie rechts oben in der Legende aller Pläne:

„Der Maßstab darf nicht verändert werden. Alle Maße sind vor Ort zu kontrollieren. Alle Abweichungen sind dem Designer oder Architekten zu melden."

EIN BLICK AUF DAS FERTIGE DESIGN ←
Veranschaulichen Sie mit aussagekräftigen Bildern und Katalogverweisen die Farbschemata, Materialfinishes und Produktmerkmale.

PROFESSIONELLE PRÄSENTATION ↑
Ein professioneller, überzeugend präsentierter Entwurf weckt das Vertrauen Ihres Kunden und schafft eine gute Arbeitsbeziehung während der Projektlaufzeit.

ÄNDERUNGEN DER SPEZIFIKATION

Nach Unterzeichnung der Spezifikation müssen alle weiteren Änderungen und Folgekosten schriftlich genehmigt und von den Vertragspartnern unterschrieben werden. Führen Sie über alle Gespräche mit dem Kunden während der gesamten Projektdauer Protokoll. Diese Dokumente dienen als Beleg für alle Absprachen und helfen Ihnen, wichtige Punkte hervorzuheben und vorrangig zu bearbeiten. Übermitteln Sie auch dem Kunden in schriftlicher Form eine Kopie. So bestätigen Sie alle Vereinbarungen und prüfen gleichzeitig, ob Sie alle Punkte korrekt aufgenommen bzw. erfasst haben.

EINHEIT 25

MUSTERTAFEL

ZIELE

· Ermittlung von Produkten und
  Mustern
· Ausarbeitung einer Mustertafel
· Präsentation eines fertigen Entwurfs

Eine Mustertafel vermittelt Ambiente und Atmosphäre des endgültigen Entwurfs, indem sie das ausgewählte Material zusammenführt. Details der Materialien, Finishes und Produkte gewähren uns spannende Einblicke und lassen uns das vollendete Design erahnen. In dieser Einheit erfahren Sie, wie Sie das Material für eine Mustertafel zusammenstellen, und erhalten wertvolle Tipps für eine gelungene Präsentation Ihres Entwurfs.

Eine Mustertafel ist die kreative Umsetzung Ihrer Designideen in einem Kontext. Aufgrund der vielen Alternativen und anfallenden Entscheidungen müssen Sie sich darauf konzentrieren, eine Kernidee herauszuarbeiten. Die wirkungsvolle Präsentation Ihres Materials hilft, einem angestrebten Entwurf Gestalt zu verleihen.

MUSTER IM KONTEXT ↓

Ergänzt durch Illustrationen ergeben Muster ein Bild sowohl von der Gestaltung als auch von der Funktion des Raumes.

Beginnen Sie mit der Bearbeitung von Böden, Wänden, Treppen und Decken, da diese Strukturen die Hauptelemente des Raumes bilden. Berücksichtigen Sie bei der Entwicklung des Ambientes eines Interieurs Farbe, Texturen, Licht und Formen. Die Beziehungen, die zwischen allen Materialien geschaffen werden, müssen dem Gesamtkonzept des Raumes Rechnung tragen. Ergänzen Sie Ihre Materialwahl mit Notizen und begründen Sie Ihre Entscheidungen. Bauen Sie Ihre Ideen aus, indem Sie Referenzmaterial und Bilder sammeln, die die beabsichtigten räumlichen Qualitäten transportieren. Dies ist besonders hilfreich für die Besprechung potenzieller Ideen mit dem Kunden. Verleihen Sie Ihren Ideen grundsätzlich mit visuellen Medien Gestalt. Vermeiden Sie überladene Fotos aus Werbung oder Lifestylemagazinen. Diese vorgefertigten Bilder enthalten fremde Botschaften oder Geschichten. Wählen Sie einfache architektonische Abbildungen, die eine spezifische Beziehung zu Ihrem angestrebten Design herstellen.

Überlegen Sie nun, wie der Raum effektiv und in Harmonie mit der Architektur des Entwurfs beleuchtet werden kann. Recherchieren Sie auf dem Markt verschiedene Lampenarten und deren Spezifikationen. Erkundigen Sie sich bei den Herstellern, legen Sie diesen Ihren Auftrag vor und erläutern Sie die Effekte, die Sie in Ihrem Entwurf erzielen wollen. So bauen Sie geschickt Kontakte in der Branche auf und sammeln wertvolle Berufserfahrung als Designer. Integrieren Sie Designdetails wie Möbel und Installationsobjekte in Ihre Tafel. Die Produktwahl sollte sich harmonisch in den von Ihnen kreierten Materialrahmen einfügen.

PROJEKT

Gestalten Sie eine Mustertafel für einen Wohn- oder Büroraum und orientieren Sie sich dabei an den nebenstehenden Leitlinien. Wählen Sie einen Raum, zu dem Sie Zutritt haben, und gehen Sie auf seine physischen Eigenschaften ein. Legen Sie die vorzunehmenden Änderungen an dem Wohnraum fest und nutzen Sie unterschiedliche Materialien zur Verbesserung des Ambientes. Renovieren und modernisieren Sie den Büroraum mit kreativen Vorschlägen zu Mobiliar, Stauraum und Beleuchtung.

VORGEHENSWEISE

Gestalten Sie eine Mustertafel im Posterformat, illustrieren Sie die Atmosphäre mit Referenzbildern, Materialmustern und spezifizierten Abbildungen von Lampen und Möbeln. Gruppieren Sie Muster und Bilder beim Aufkleben in Kategorien: Beleuchtung, Mobiliar, Wände, Boden etc. Fügen Sie Produktlabels und Textfelder zur Erläuterung des Gesamtkonzepts ein. Präsentieren Sie Ihre Tafel einem Freund, der als Kunde agiert, und bitten Sie um Feedback.

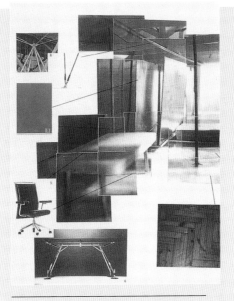

EINDRUCKSVOLLE PRÄSENTATION ↑
Doppelrolle: Eine kreative Montage fungiert gleichzeitig als Mustertafel, die den Materialqualitäten des Interieurs Ausdruck verleiht.

REINE MUSTER ↓
Diese minimalistische Mustertafel schließt bewusst alle störenden Bilder aus und projiziert die physischen Qualitäten in Reinform.

LINEARE PRÄSENTATION →
Materialien und Verweise können auf der Mustertafel einfach als lineare Folge von Informationselementen archiviert werden.

FALLBEISPIEL 07 | GROSSZÜGIGER WOHNRAUM

AUFTRAG
Erweiterung einer Wohnung mit Stauraum und Einzelstücken als Mobiliar für gehobenen Wohnkomfort.
Budget: groß. Der Kunde ist Finanzexperte einer Bank mit neuer Lebensgefährtin.
Design: Forster, Inc.

Klare Bedürfnisse und praktische Anforderungen bilden den Ausgangspunkt für dieses großzügige, attraktive Appartement in einem ehemaligen Lagerhaus. Die Triebfeder dieses Auftrags ist optimale Funktionalität: Schaffung von Stauraum. Dieses Fallbeispiel zeigt die Vielseitigkeit eines Projekts, bei dem gleichzeitig Ergonomie und Langlebigkeit Rechnung getragen wird.

INTEGRIERTER STAURAUM
Oft können praktische Probleme kreative, innovative Designlösungen hervorbringen. Dreh und Angelpunkt dieses Appartements ist der Stauraum, da es ursprünglich von einer Person bewohnt wurde und nun zu einem Wohnraum für zwei umfunktioniert werden soll. Die Designer entwarfen zwei Elemente, die bei einer Raumhöhe von 3,3 m vom Boden bis zur Decke reichen. Im Eingangsbereich schafft der erste integrierte Stauraum ein zweites Foyer innerhalb des Hauptwohnbereichs, der Stauraum im Schlafzimmer fügt sich nahtlos an den Eingang zum angrenzenden Bad an.

Dunkles Walnussfurnier umrahmt cremefarben laminierte Kunststoffplatten in der oberen Hälfte, eine gelb beleuchtete Sockelleiste bildet den Abschluss.

RAUMTRENNUNG ←
Durch die Nutzung des toten Raumes um den Eingang im Schlafzimmer als Stauraum entsteht eine breite Schwelle zwischen Erholungs und Sanitärbereich. Der gelbe Schein der dimmbaren Leuchtstofflampe am Sockel lässt den Schrank knapp über dem Boden schweben.

ELEGANTE POLSTERUNG ←

Die Polsteroberflächen definieren die Sitz-
bereiche in schokoladenbraunem Leder
als Ergänzung des dunklen Walnusshol-
zes. Harte und weiche Oberflächen fügen
sich harmonisch zu einem linearen und
ebenmäßigen Finish zusammen.

DESIGNDETAILS

Die Schränke und Regale sind aus MDF-Platten gefertigt,
die Türen aus 18 mm starkem Birkenfurnier. Die vertikalen
Platten bestehen ebenfalls aus 18 mm starken MDF-Platten, die mit schwarzem amerikanischem Walnussfurnier
und cremefarbenem Kunststoff laminiert wurden. Die
Polster der Sitzgelegenheiten sind mit braunem Leder
überzogen, die Akzentbeleuchtung erfolgt durch Spots
und dimmbare Leuchtröhren. Alle Holzoberflächen wurden mit klarem Wachsöl behandelt.

VIELFÄLTIGER STAURAUM ←

Integrierte Systeme schaffen
sowohl versteckten als auch
sichtbaren Stauraum, um Dekor-
stücke zur Geltung zu bringen
oder Kleinkram zu verbergen.

ERSTE IMPRESSIONEN ↑

Durch Steck- oder Nut- und Federverbindungen werden lineare Elemente zu Stauraum, Abtrennungen und Ablagen zusammengefügt. Im Eingangsbereich entsteht ein zweites Foyer, das den Ankunftsbereich abgrenzt und eine klare Schwelle zum Wohnbereich schafft.

MULTIFUNKTIONALE EINHEIT →

Die geraden Linien und die schnörkellose Geometrie der Schrankkonstruktion spiegeln den Lagerhausstil des Appartements wider und bewahren gleichzeitig ihre Einzigartigkeit und Individualität als ästhetisches Möbelstück. Das Wohnambiente wird durch den Kontrast in Farbe, Textur, Finish und Funktion intensiviert.

EINZELSTÜCKE

Als Ergänzung zu dem integrierten Stauraum kreierten die Designer aus Einzelteilen ein Möbelstück für die Unterbringung der Hi-Fi-Anlage einschließlich einer Getränkebox sowie einem TV- und Sound-System-Schrank. Das Design dieses Stückes ist auf Diskretion und Funktionalität ausgerichtet und geprägt von unterschiedlichen Einflüssen aus Geometrie, Puzzlespielen und chinesischen Lackschachteln. Einfache Platten bilden die Boxen, deren Funktion über die unterschiedlichen Oberflächen transportiert wird und die bei Öffnung die Geräte in ihrem Inneren enthüllen. Die Boxen sind aus Buffalo Board, einem robusten Material für Furnierplatten, gefertigt. Ihre Oberfläche hat auf der einen Seite eine Textur und ist auf der anderen glatt. Weitere raffinierte Details sind die pradaesken Acrylstreifen sowie die Edelstahlbeschläge und Magnetschnäpper. Das Designteam konnte aufgrund des eindeutigen funktionalen Auftrags die Kundenwünsche erfüllen und moderne Trends mit innovativem, greifbarem Design kombinieren.

GESCHLOSSENE FORM →

Geschlossen ergibt das Möbelstück ein einheitliches Bild mit diskreten Übergängen im Oberflächenmaterial, das die Position der einzelnen Abteile im Inneren anzeigt.

FUNKTIONALE DETAILS →

Die Einzelteile verfügen über skulpturelle Details und wurden für den Kunden maßgefertigt, um einen Stauraum für die Home-Entertainment-Geräte zu erhalten.

FLEXIBILITÄT ↑

Die einzelnen Boxen können vertikal oder horizontal montiert werden. Durch Druck auf die Magnettüren öffnet sich der Schrank über Gasdruckfedern entweder nach oben, unten, seitlich oder über Schubladen. Durch diese Flexibilität erweckt das durchdachte Objekt ein ästhetisches Gesamtbild.

AUFBEWAHRUNG ↘

Eine Möbelfamilie aus glattem, ordentlichem und kompaktem Design erfüllt die Stauraumanforderungen für Getränke sowie TV- und Hi-Fi-System. Ausgerichtet auf Funktionalität und praktischen Nutzen bieten die Boxen neue Lösungen für das Home Entertainment.

Acrylstreifen kontrastieren detailliert Ecken, Kanten und Verbindungsstellen zwischen den Materialien. Die aus Buffalo Board gefertigten Oberflächen zeichnen sich durch hohe taktile Erfahrbarkeit aus.

FALLBEISPIEL 08 | WOHNEN ALS EVENT

AUFTRAG
Kreation eines phantasievollen und zeitgenössischen Lebensraums, der alltägliche Funktionalität in ästhetischen Luxus verwandelt.
Budget: sehr hoch. Der Kunde ist Geschichtsprofessor.
Design: Procter-Rihl Architects

Manchmal stellen Designer überkommene Vorstellungen davon, wie wir leben sollten oder könnten, in Frage und entwickeln etwas noch nie Dagewesenes – sofern wir bereit sind, bei null zu beginnen. In unserem speziellen Beispiel zogen zwei Architekten mit großen Ideen aus, um ein Haus zu bauen, das alle Aktivitäten in eine ästhetische und luxuriöse Sinneserfahrung verwandelt. Licht, Raum und der geschickte Einsatz der Materialien inspirieren eine neue Art des Wohnens und Lebens.

ENTWURFSSTRATEGIE
In einer extrem linearen Lage, umgeben von einer konservativen Nachbarschaft, demonstriert das Slice House eindrucksvoll die Bedeutung einer Entwurfsstrategie. Die Architekten sahen sich mit vielen Einschränkungen von Bebauungsvorschriften bis zur Entwicklung und Erprobung neuer Konstruktionstechniken konfrontiert. Der Auftrag war eine Herausforderung, aber eindeutig: keine extravaganten Materialien, nur extravagante Räume. Das Ergebnis: Räume, die nichts mit konventionellen horizontalen und vertikalen Flächen gemein haben. Die Hauptstrategie beruht auf räumlichen Verzerrungen und Illusionen – der Wohnraum öffnet oder schließt sich durch eine Serie sich neigender Wände, je nach Standpunkt des Betrachters. Diese räumliche Erfahrung verleiht dem Interieur eine eindrucksvolle Lesart, das ganze Haus wirkt größer und kompakter als das enge Grundstück, auf dem es errichtet wurde.

LAGE ↖
Die Vogelperspektive enthüllt den linearen Charakter und die Größe des Slice House im Verhältnis zu den anderen Gebäuden in der Londoner City.

LÄNGSSCHNITT ↓
Die Beziehungen zwischen den Räumen auf der oberen und unteren Ebene werden klar veranschaulicht.

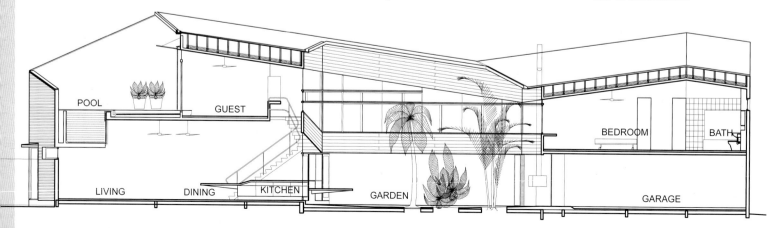

POOL GUEST BEDROOM BATH
LIVING DINING KITCHEN GARDEN GARAGE

RAUMFLUSS

Durch die lineare Struktur erweckt der durchgehende Raum ein Gefühl von Tiefe, der Blick schweift ungehindert über den Wohnbereich hinaus. Der Eingang führt uns durch das Wohnzimmer, dann zur Küche und verbindet uns mit der Aussicht auf den Innenhof. Die Aktivitäten sind nicht abgetrennt, sodass sich unser Auge auf den darüber liegenden Raum oder den Pool richten kann, um darunter wieder aufzutauchen und in den Wohnbereich zurückzukehren – überrascht vom Genuss der ineinander fließenden Räume. Das Mobiliar aus Einzelstücken betont dieses Konzept. Eine durchgehende Stahlplatte bildet die 7 m lange Küchenanrichte, an deren Enden sich 2 m lange Tische – ein Esstisch und ein Gartentisch – anschließen. Eine Falte in der dicken Stahlplatte markiert den Übergang zwischen dem höheren Arbeits- und den niedrigeren Essbereichen. In den triangelförmigen Unterbau wurde eine maßgefertigte Edelstahlspüle eingelassen.

POOL IM GLASTANK ←

Über den Swimmingpool tauchen die Aktivitäten des Obergeschosses hinab in das Untergeschoss, den Gesetzen der Schwerkraft trotzend. Getragen von den Wänden, bleibt die Konstruktion des Tankes verborgen, er scheint schwerelos im Raum zu schweben. Der Pool ist das visuelle Event des Interieurs, Licht, Farbe und Bewegung in das Innere projizierend.

Ein durchgehender Tisch definiert Essbereich, Küche und Hof durch Änderung der Funktion an verschiedenen Punkten.

VISUELLE DIMENSION ←

Große Kunstwerke unterbrechen die Länge der Innenwände und teilen den Raum ohne physische Abtrennung in Bereiche auf.

TREPPE →

Die Treppe aus 8 mm starker, wie ein Akkordeon gefalteter Stahlplatte wurde in Abschnitten auf die darunter liegenden Träger geschweißt. Ein helles Grau betont die schmale Kante und kontrastiert mit dem in tiefem Aubergine gestrichenen Unterbau.

Durchdachte Designdetails bei Installationsobjekten runden die architektonischen Elemente ab.

LEBEN IM FREIEN →

Exotische Palmen bilden den Maßstab für den integrierten Hof und dienen als visuelle Indikatoren für die luftige Höhe und lichte Dimension des Gebäudes.

RAHMENGEBUNG

Das Haus erweckt das Gefühl eines Schauspiels, in dem sich jeder Bereich selbst zu inszenieren scheint. Rahmen fungieren als architektonische Dramaturgieinstrumente. Der Swimmingpool auf der oberen Ebene spielt die Hauptfigur und schwebt, wahrgenommen als fließender Block, über dem Wohnbereich. Er polarisiert die Aufmerksamkeit des Publikums, sobald jemand in ihn eintaucht. Tagsüber filtert er das Licht und erfüllt den Raum mit kräuselnden Wassereffekten durch wechselnde Lichtverhältnisse. Sobald nachts die Poollampen aufleuchten, wird er zu einer großen farbigen Lichtquelle. Schräg abfallende Decken, Gänge mit variierenden Perspektiven, sich öffnende Wände und fließende Treppen bilden das Vokabular dieser reichen Designsprache eines außergewöhnlichen, modernen Lebensraums.

MULTIFUNKTIONALE GITTER ←

Gitter an den Fenstern und zum Hof sowie zur Terrasse erfüllen mehrere Funktionen. Sie bieten Sicherheit und dienen als Jalousien, die das Licht filtern. Die Lichteffekte verleihen der Raumqualität eine transparente Ästhetik, das Gebäude wirkt wie ein ebenmäßiges, leuchtendes Prisma.

FLUR IM OBERGESCHOSS ↓

Der Flur im Obergeschoss verläuft linear über einen auskragenden Träger: Eine Reise durch Licht und Glas, die die Aussicht auf den Hof freigibt und in einem Korridor mündet, der um den Hof verläuft. Der Flur fällt bis auf eine Höhe von 1,80 m ab und schafft so eine sich verjüngende Perspektive in Richtung Schlafzimmer. Dadurch wirken die Privaträume weiter entfernt von den sozialen Interaktionsflächen.

LICHTEINFALL ←↑

Der Hof, die Jalousien und das gläserne Schwimmbecken im Obergeschoss brechen das in die Räume einfallende Sonnenlicht. Die wie Löcher designten, getrennt positionierten Fenster erzeugen Pools aus Licht, eine langweilige oder natürliche Beleuchtung wird bewusst vermieden. Diese Öffnungen liegen in unterschiedlichen Höhen, dadurch überrascht das Interieur mit unerwarteten Lichtquellen und Aussichten.

KAPITEL 5

BERUFSPRAXIS

Das Kapitel Berufspraxis legt den Schwerpunkt auf die Einbindung von Schlüsselkompetenzen in ein Designportfolio. Diese Mappe kann sowohl Ihre Persönlichkeit als Designer widerspiegeln als auch künstlerische Fertigkeiten und die Fähigkeit, gute Designentscheidungen zu treffen. Ob als wichtiges Dokument für Bewerbungen oder als Referenz für Kunden – das Portfolio ist eine visuelle Vita Ihrer Arbeit, die Sie bei Ihren weiteren Studien oder beim Eintritt in die Arbeitswelt unterstützt.

Dieses Kapitel konzentriert sich auf die persönliche Vorstellung, die Kommunikation von Design und die Fähigkeit zur kritischen Bewertung.

EINHEIT 26

ZUSAMMENSTELLUNG IHRES PORTFOLIOS

ZIELE

- Realisierung von professionellen Projekten
- Vorbereiten, Redigieren und Experimentieren für ein perfektes Portfolio
- Präsentation individueller Arbeiten für einen Kunden oder potenziellen Arbeitgeber

Das Portfolio ist Ihre wichtigste Ressource: eine koordinierte Darstellung Ihrer bis dato besten Designarbeiten. Es illustriert Ihre Denkweise, rückt Ihre Ideen ins Zentrum der Aufmerksamkeit und beweist Ihre Fähigkeit, Designentscheidungen zu treffen und zu kommunizieren. In dieser Einheit lernen Sie, über Ihre bisherige Arbeit zu reflektieren und die Präsentation des Portfolios kritisch zu beleuchten. Klarheit hat dabei oberste Priorität – Sie transportieren und präsentieren Ihre Ideen über eine visuelle Sprache.

Das Portfolio ist Ihre professionelle Persönlichkeit, Ihr Reisepass in die reale Welt. Es ist ein wichtiges Instrument für Ihre Zukunft – den Berufseinstieg, weiterführende Studien oder die Präsentation bei potenziellen Kunden.

FORMAT

Ein Portfolio ist eine Mappe in einem kohärenten Format. Jede Seite sollte sich gleich lesen, d.h., die Arbeit wird entweder im horizontalen Landschafts- oder im vertikalen Porträtformat betrachtet. Gelegentlich werden Projekte jedoch in einem abweichenden Format dargestellt. Da wir die meisten Seiten als Doppelseite sehen, sollten sie als ein sich ergänzendes Paar gestaltet werden.

INHALT

Bei der Zusammenstellung des Portfolios entfällt die Hauptarbeit auf das Redigieren – eine äußerst wichtige Fertigkeit. Nehmen Sie in Ihr Portfolio nur Ihre besten Projekte auf: innovative, technisch exzellente, provozierende oder einnehmende Werke.

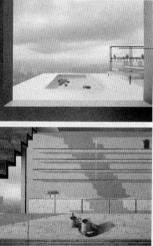

UMFASSENDE PRÄSENTATION ↑
Wichtige Punkte des Vorschlags kommunizieren das endgültige Design. Diese drei Bilder in immer kleinerem Maßstab betonen die Erfahrung des urbanen Lebens in einem Hochhaus.

Die offene Küche bietet einen Blick auf das untere Geschoss und wird vom oberen Geschoss eingerahmt.

Draußen erweitert der Pool den Blick über die Kante der Terrasse hinaus auf die weit darunter liegende Stadt.

INFORMATION UND ILLUSTRATION

Vergegenwärtigen Sie sich die Beziehung zwischen Wort und Bild. Texte können Abbildungen durch Erklärungen oder Informationen ergänzen und verstärken. Allerdings besteht auch die Gefahr, dass Texte von den Bildern ablenken, indem sie die visuelle Botschaft untergraben oder ihr widersprechen.

TAGLINES

Sie sind die grundlegenden Werkzeuge zur Gestaltung und Strukturierung der Seiten. Mit Taglines organisieren Sie nicht nur Abbildungen und Text auf einer Seite, sondern auch die Sprache bzw. Geschichte Ihrer Präsentation.

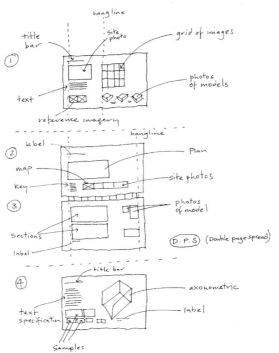

STORYBOARD ←

Das Storyboard ist ein Anlaufplan nach dem Sie Ihre Seiten organisieren. Es zeigt die sequenzielle Ordnung jeder Seite und dient als Entscheidungshilfe für Aufbau und Maßstab. Darüber hinaus veranschaulicht es das Gesamtdesign mit den Schlüsselbeziehungen.

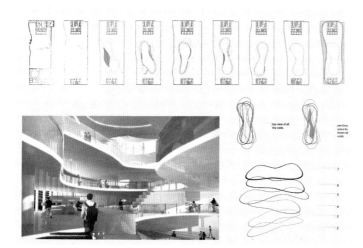

TAGTRÄUME ↑

Die Arbeitsumgebung wird durch einen wellenförmigen Leerraum transformiert. Die Designstrategie verbindet die einzelnen Teams durch die Erweiterung der Augenhöhe, des Ausblicks und der Sichtlinien. Dazu erlaubt sie Tagträume über den Schreibtisch hinaus.

DAS KOMPLEXE EINFACH DARSTELLEN ↑

Rahmende Elemente in diesem geometrischen Innenraum überbetonen die Perspektive, erkunden Vorder- und Hintergrund und definieren wichtige Merkmale mithilfe von Farbe.

EINHEIT 27

LEBENSLAUF UND ANSCHREIBEN

ZIELE

- Ermittlung klarer Ziele und Vorstellungen
- Erfolgreiche Vermarktung Ihrer Qualifikationen und Fertigkeiten
- Entwicklung Ihres persönlichen Leistungsprofils

Ihr Lebenslauf ist der erste Eindruck, den ein künftiger Arbeitgeber von Ihren Qualifikationen, Fähigkeiten und bisherigen Erfahrungen gewinnt. Ein gut gestalteter und professionell präsentierter Lebenslauf erhöht Ihre Erfolgschancen sowohl auf Ihrem Weg in den Beruf als auch in einem weiterführenden Studium. Diese Einheit führt Sie durch die Ausarbeitung eines perfekten Lebenslaufs, der Ihnen maximale Erfolgsaussichten bietet und Ihrem Selbstvertrauen einen kräftigen Schub verleiht.

VORBEREITUNG

Nehmen Sie sich etwas Zeit, um sich Klarheit über Ihre Ziele und Vorstellungen zu verschaffen. Die Konzentration auf das Wesentliche hilft Ihnen, Ihre Bewerbung genau auf Ihr gewünschtes Ergebnis zuzuschneiden. Bestimmen Sie die berufliche Richtung, in die Sie sich entwickeln wollen, indem Sie gezielt Einsatzmöglichkeiten und Arbeitgeber ermitteln.Nehmen Sie telefonisch Kontakt auf und erkundigen Sie sich nach den Einstellungsanforderungen. Achten Sie darauf, dass Ihre Qualifikationen und Fähigkeiten dem anvisierten Stellenprofil entsprechen. Testen Sie sich selbst und fragen Sie sich, warum ein Arbeitgeber Sie einstellen sollte.

LEBENSLAUF

Der Zweck Ihres Lebenslaufs besteht darin, den Grundstein für die Einladung zu einem Vorstellungsgespräch zu legen. Das bedeutet, Sie müssen vor allem Ihre Stärken herausstellen. Vermeiden Sie beim Schreiben negative oder passive Wendungen wie „etwas Erfahrung" oder „mitgeholfen und assistiert". Verwenden Sie aktive Begriffe wie „entwickeln", „recherchieren", „betreuen" oder „organisieren".

SELEKTION

Konzentrieren Sie sich auf die geforderten Informationen. Führen Sie Ihre jüngsten und relevantesten Erfahrungen auf. Selektion und Präzision resultieren in einem professionellen, überzeugenden Lebenslauf. Heben Sie Wichtiges hervor, streichen Sie Unwichtiges. Schneiden Sie den Lebenslauf auf die individuellen Stellenausschreibungen zu, indem Sie die für verschiedene Profile notwendigen Informationen einbinden. Rühren Sie die Werbetrommel für sich – selbstbewusste Bewerber überzeugen Arbeitgeber. Überprüfen Sie Ihren Lebenslauf sorgfältig auf Rechtschreib- und Grammatikfehler.

FORMAT

Hinsichtlich Format und Aufbau Ihres Lebenslaufs stehen Ihnen verschiedene Möglichkeiten offen. Das klassische Format ist der tabellarische Lebenslauf, den Sie an Ihren Stil anpassen können und der persönliche Daten, Schulbildung, Berufsausbildung, Qualifikationen, Projekte und Interessen auflistet. Ein geeignetes Format für die Präsentation von Lebens- und Berufserfahrung ist die Textform, bei der wichtige Fertigkeiten mittels geeigneter Attribute kategorisiert und ausformuliert werden. Beispiele hierfür sind technische Fertigkeiten, Führungskompetenzen, Teamwork und Zeitmanagement – je nach den Anforderungen des potenziellen Arbeitgebers.

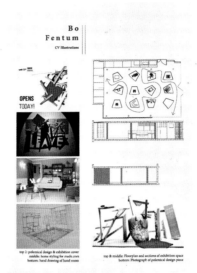

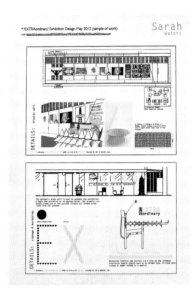

Betrachten Sie Ihre Bewerbung als Anzeige, mit der Ihr bestes Pferd im Stall verkauft werden soll – Sie. Neben Ihren persönlichen Daten sollten Sie Wert darauf legen, ein prägnantes, klares und ansprechendes Dokument vorzulegen, das Sie in einem positiven Licht zeigt. Ein überzeugender Lebenslauf sollte daher nicht länger als zwei, idealerweise nur eine Briefseite sein.

PRÄSENTATION

Ihr Lebenslauf muss höchsten ästhetischen Ansprüchen genügen. Studien haben ergeben, dass 80 % der Erfolgsquote auf die Präsentation und 20 % auf den Inhalt entfallen. Dies legt nahe, dass der Markt hart umkämpft ist und die Arbeitgeber aus einer großen Zahl professioneller Bewerbungen wählen können. Der Arbeitgeber führt also zunächst eine Selektion durch – und eine schlecht gestaltete Bewerbung bleibt unberücksichtigt. Wählen Sie für den Text eine gut lesbare und ansprechende Schrift. Heben Sie wichtige Informationen hervor, um das Augenmerk auf entscheidende Qualifikationen und Leistungen zu lenken. Integrieren Sie visuelle Aufhänger: Auch ein persönliches Logo oder ein Briefkopf wirken als Stimulus. Verwenden Sie diese einheitlich auf Ihrer Korrespondenz, um professionell und glaubwürdig aufzutreten. Jedes Detail bis zur Papier- und Druckqualität spielt eine Rolle. Der Lebenslauf ist eine Momentaufnahme Ihrer Person – legen Sie daher Wert auf eine perfekte Präsentation.

ANSCHREIBEN

Jeder Lebenslauf wird mit einem Anschreiben verschickt. Ein Brief ist eine Form der persönlichen Kommunikation, vermeiden Sie daher die Anrede „Sehr geehrte Damen und Herren". Ein Anruf genügt, um den Ansprechpartner zu ermitteln. Nennen Sie im einleitenden Absatz die Stelle, um die Sie sich bewerben, und bekunden Sie Ihr Interesse. Nehmen Sie bei einer Bewerbung auf eine Anzeige darauf Bezug und erwähnen Sie, wo Sie diese entnommen haben. Bei einer Initiativbewerbung stellen Sie sich erst vor und nennen dann Ihre gegenwärtige Position in Beruf oder Studium. Zeigen Sie in den übrigen Absätzen Ihr zuvor recherchiertes Hintergrundwissen über das Unternehmen und dessen Tätigkeitsbereiche. Führen Sie persönliche Leistungen an, die für das Unternehmen nützlich sein könnten, um Ihre Bereitschaft und Ihr Interesse zu demonstrieren.

AUFFALLEN ↑

Ergänzen Sie Lebenslauf und Begleitschreiben um visuelle Beispiele Ihrer Arbeiten. So wird man auf Sie aufmerksam, Sie heben sich von den anderen ab.

EINHEIT 28

AKTEURE IM DESIGNPROZESS

ZIELE

- Verständnis der verschiedenen Rollen
- Kenntnis der Anatomie eines Design-auftrags
- Kenntnis der Fachterminologie der unterschiedlichen Akteure

Ein Designprojekt erfordert das professionelle Zusammen-spiel vieler verschiedener Menschen. An erster Stelle steht der Kunde, der das Projekt ermöglicht, gefolgt vom Designteam, das den Ideen Gestalt verleiht, und schließlich den Contractors, die den Auftrag in die Tat umsetzen. In dieser Einheit ergrün-den wir die Anatomie eines Designauftrags und betrachten die unterschiedlichen Akteure, die einen Entwurf realisieren.

TEAMARBEIT ↑

Innenarchitektur wird gemeinsam erstellt. Auch als Freiberufler werden Sie in einem Team arbeiten. Achten Sie auf ein gutes Verhältnis und bringen Sie sich ein – der Erfolg des Teams ist auch Ihrer.

Die Arbeit an einem Projekt ist spannend und gleichzeitig sehr erfüllend. Design ist soziale Interaktion – Sie lernen, mit Vertretern vieler Berufe zu arbeiten. Jedes Projekt, das Sie realisieren, beruht auf Teamarbeit, und die Zusammen-stellung des richtigen Teams ist ausschlaggebend für ein optimales Ergebnis.

KUNDE

Der Kunde kann eine Einzelperson oder ein Unternehmen, eine Regierungsbehörde oder eine Organisation sein. Ihr Kunde ist die wichtigste Person des gesamten Projekts und steht somit an der Spitze der Hierarchie. Durch ihn wird die Entwurfsrealisierung erst möglich, daher hat er im gesamten Prozess das letzte Wort. Alle Entscheidun-gen, die das Projekt betreffen, müssen dem Kunden über-mittelt werden und seine Zustimmung erhalten, bevor sie zur Umsetzung weitergeleitet werden.

DESIGNER/DESIGNTEAM

Als Designer obliegen Ihnen unterschiedliche Aufgaben und Verantwortlichkeiten. Sie agieren als Vermittler, Über-setzer, Diplomat und Regisseur, der die Wünsche des Kun-den in eine kohärente und effektive Designlösung umsetzt. Im Rahmen des Auftrags wird von Ihnen erwar-tet, dass Sie dem berufsständischen Verhaltenskodex sowie den in der Designpraxis herrschenden Standards und Verfahren Folge leisten. Sobald der Designer bzw. das Designteam die erste Entwurfsskizze vorlegt, werden die Dienste des Materialmanagers benötigt.

MEETINGS ←
Meetings sind das Lebenselixier für den Entscheidungsprozess, besonders in einem großen Team. Dank guter Kommunikation fließen die Entscheidungen die Designhierarchie herunter.

MATERIALMANAGER

Der Material- oder Einkaufsmanager – auch „Kostenkalkulator" genannt – prüft die Architektur- und Ingenieurpläne sowie die Spezifikationen, um die Materialkosten zu kalkulieren. Er listet die einzelnen Komponenten auf und versucht, eine möglichst effiziente Lösung zu finden. Ferner prüft er alle Entwurfsänderungen hinsichtlich ihrer Auswirkung auf die Kosten und erstellt monatliche Cashflow-Prognosen sowie Abschreibungspläne für den Kunden. Der Materialmanager ist unverzichtbar für Großprojekte, kann jedoch bei kleineren Designaufträgen auch auf Stundenbasis herangezogen werden.

BAULEITER

Der Bauleiter oder Main Contractor ist dem Kunden und dem Designer direkt verantwortlich und arbeitet Hand in Hand mit dem Kostenkalkulator. Seine Aufgabe besteht in der Leitung der Arbeiten vor Ort nach Zeitplan und innerhalb des Budgets. Darüber hinaus kann der Bauleiter auch Arbeiten an ein Team spezialisierter Contractors vergeben. Diese werden entweder vom Bauleiter allein oder von allen drei Parteien gemeinsam ausgewählt.

SPEZIALISIERTE BERATER

Spezialisierte Berater unterstützen den Designer in technischen Fragen wie Heizung, Lüftung, Elektroinstallation, Beleuchtung und Kommunikationstechnologie (Produkte und Leistungen). Der fachmännische Rat eines Bauingenieurs ist bei strukturellen und umfangreichen Umbaumaßnahmen geboten.

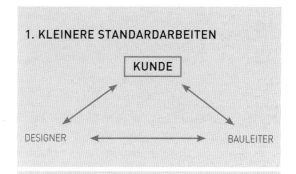

1. KLEINERE STANDARDARBEITEN

KUNDE
DESIGNER — BAULEITER

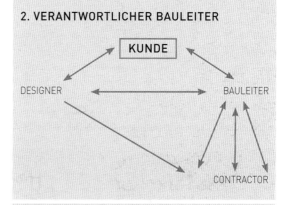

2. VERANTWORTLICHER BAULEITER

KUNDE
DESIGNER — BAULEITER
CONTRACTOR

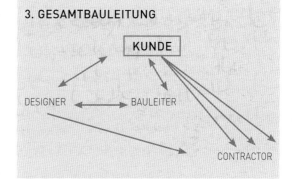

3. GESAMTBAULEITUNG

KUNDE
DESIGNER — BAULEITER
CONTRACTOR

ARBEITSWEISEN

1 Bei einfachen Projekten sind Designer und Bauleiter dem Kunden direkt verantwortlich.

2 Bei Großprojekten instruiert der Bauleiter die Contractors.

3 Für den Kunden die ungünstigste Option, da er alle Parteien instruieren muss.

EINHEIT 29

DIE DESIGNBRANCHE

ZIELE
· Einführung in die Branche
· Marktforschung
· Erste Schritte in der Eigenwerbung

Ihr angestrebtes Ziel besteht darin, sich in der Designbranche zu etablieren. Doch bevor Sie Fuß fassen können, müssen Sie den Markt kennen lernen, mit Profis sprechen, sich beraten lassen und ein Netz von Kontakten aufbauen. All das kostet viel Zeit, Energie und Mühe, aber ist Ihnen der Einstieg in diese Branche erst einmal gelungen, eröffnen sich zahllose Möglichkeiten. In dieser Einheit finden Sie wichtige Orientierungshilfen für einen erfolgreichen Berufsstart wie z. B. Informationen zu potentziellen Arbeitgebern, Marketingmethoden und mögliche Wege in die Berufswelt.

WO SOLL MAN BEGINNEN?

Der erste Schritt ist immer aufregend und entmutigend zugleich. Aber Hartnäckigkeit bei der Arbeitsplatzsuche hat sich schon für so manchen ausgezahlt. Die Situation der Branche und die Erwartungen der Arbeitgeber richtig einzuschätzen und sich an den Wettbewerb zu gewöhnen kostet viel Lehrgeld, doch Sie sollten bedenken, dass aller Anfang schwer ist. Nehmen Sie die beruflichen Herausforderungen an und Sie werden schon bald für Ihre Mühe belohnt werden.

WAS GENAU MACHT EIN DESIGNER?

Die Frage klingt banal, aber es herrscht häufig viel Verwirrung angesichts der tatsächlichen Aufgaben eines Designers. Die Innenarchitektur ist ein interdisziplinäres Fach, angesiedelt zwischen Produktdesign und Architektur. Diese Interdisziplinarität erweist sich als großer Vorteil, da Designern eine ganze Reihe verwandter Berufe offen steht, einschließlich Raumausstattung und Dekoration, Bühnen- oder Kulissengestaltung, Laden- und Bürodesign, Messebau, Wohnungs- und Immobilienwirtschaft, Möbeldesign und Renovierung, Landschaftsarchitektur und Architektur.

LADENDESIGN ←
Einzelhandelsprojekte generieren hohe Umsätze, sind schnelllebig und oft eng mit der Modebranche verwoben.

WELCHE QUALIFIKATIONEN BENÖTIGEN DESIGNER?

Designer spielen eine komplexe Rolle, die viele soziale Kompetenzen erfordert. In erster Linie sind sie Vermittler. Durch klare Kommunikation und den Aufbau guter Arbeitsbeziehungen realisieren sie Projekte. Der moderne Designer arbeitet fachübergreifend. Die Zusammenarbeit mit anderen kreativen Menschen wie Grafikern oder Produktdesignern, Architekten oder Künstlern bietet ungeahnte Möglichkeiten, sich neue Bereiche zu erschließen. Diese Beziehungen können sich als äußerst fruchtbar erweisen, da an der Realisierung eines Kundenauftrags oft die unterschiedlichsten Menschen beteiligt sind.

WIE FINDEN DESIGNER ARBEIT?

Die meisten Anstellungen und Aufträge ergeben sich über Networking. Für freie Stellen werden selten Anzeigen geschaltet, daher ist die Eigeninitiative ein Muss. Wenden Sie sich zu Beginn Ihrer Karriere an große Firmen mit einer gewissen Personalfluktuation, da dort die größte Chance auf Neubesetzung einer freien Stelle besteht. In einer kleinen Firma hingegen findet der Designer größere Verantwortungsbereiche und eine engere Verbundenheit mit dem Unternehmen. In jedem Fall ist es ratsam, mindestens ein Jahr in einem Unternehmen zu arbeiten, um wertvolle praktische Erfahrungen in der Durchführung von Designprojekten zu sammeln und Selbstvertrauen aufzubauen, bevor Sie in die Selbständigkeit wechseln – denn der Einstieg ist erst der Anfang. Und Fehler federt eine größere Firma besser ab als ein auf eigene Rechnung arbeitender Selbständiger.

FREIBERUFLER ODER UNTERNEHMER?

Die Arbeit als Freiberufler und die Gründung einer Firma haben viel gemeinsam, allerdings geht eine Firmengründung einen Schritt über eine freie Tätigkeit hinaus und ist mit größeren Verpflichtungen verbunden. Es hat sich bewährt, zunächst als freier Auftragnehmer zu arbeiten und erst nach einigen erfolgreichen Projekten eine Firma zu gründen.

Freiberufliche Tätigkeit

VORTEILE

· Geringe Overheadkosten, Heimarbeit
· Viele Steuersparmöglichkeiten, z. B. durch Absetzen des Geschäftstelefons
· Nutzung eines Privatkontos, teures Geschäftskonto nicht erforderlich
· Freie Arbeitseinteilung (Zeit und Umfang)

NACHTEILE

· Potenziell zeitliche und räumliche Konflikte zwischen Beruf und Privatleben
· Unregelmäßige Arbeitszeiten – manchmal wenig Arbeit, dann wieder Hochkonjunktur
· Arbeiten, Muster und Broschüren sind Platz raubend, Chaos kann die Folge sein
· Professionelles Auftreten ist evtl. schwieriger als für Angestellte oder Unternehmer

Gründung einer Firma

VORTEILE

· Unmittelbar professionelles Auftreten
· Parteiverkehr in eigenen Büroräumen
· Kunden akzeptieren leichter höheres Honorar
· Lieferanten gewähren bessere Konditionen
· Geschäftskonto mit Überziehungskredit
· Regelmäßigere Arbeitszeiten und mehr Distanz nach Büroschluss
· Kooperation mit Geschäftspartner (vorzugsweise ergänzende Qualifikationen), Entscheidungen und Arbeitsbelastung werden gemeinsam getragen

NACHTEILE

· Kompliziertere Buchführung als Freiberufler, höhere Steuerberatungskosten
· Eigene Firma verursacht höhere Overheadkosten

VIELFALT ↑←
Die Arbeit in der Branche öffnet dem Designer die Tür zu einer Vielfalt an beruflichen Umfeldern und Herausforderungen.

WIE KNÜPFEN DESIGNER IHRE KONTAKTE IN DER BRANCHE?

Die Designwelt ist klein. Schon kurz nach dem Berufseinstieg lernen Sie andere Designer und Designfirmen kennen. Es liegt in Ihrem Interesse, sich gut zu vermarkten, und die Gelegenheit dazu ergibt sich oft unerwartet. Nehmen Sie z. B. an Wettbewerben teil, um Ihre Arbeit bekannt zu machen und Ihr Portfolio auszubauen. Stellen Sie für Besprechungen mit potenziellen Kunden eine Marketingmappe mit Ihren besten Arbeiten und einem Lebenslauf zusammen (*siehe* Einheit 27). Gespräche sind die effektivste Methode für das Networking, den Austausch von Ideen und das Knüpfen von Kontakten. Besuchen Sie Messen und nutzen Sie die Vorteile von Berufsverbänden, um Kunden und Kollegen kennen zu lernen. Bleiben Sie während Ihrer Arbeitssuche durch Museums- und Galeriebesuche und die Lektüre von Design- und Fachmagazinen am Puls der Zeit und bewahren Sie Ihre Produktivität. Enthusiasmus, Entschlossenheit und Zuversicht zahlen sich aus. Auch wenn es langsam vorangeht – geben Sie nicht auf!

ABWECHSLUNG ↑
Projekte können von kompletten Häusern bis hin zum Entwurf einzelner Möbelstücke reichen.

BERUFSAUSBILDUNG, AKKREDITIERUNG UND ZULASSUNG

Standardabschluss im Fach Innenarchitektur bzw. Design ist in Deutschland ein Studienabschluss an Hochschulen, Fachhochschulen und Akademien mit dem akademischen Grad Diplom-Ingenieur bzw. Diplom-Designer. Inzwischen stellen die meisten Studiengänge auf Bachelor und Master um.
Die Berufsbezeichnung „Innenarchitekt/in" ist gesetzlich geschützt; nur wer Mitglied in einer Architektenkammer ist, darf sie führen. Berufsverband ist der Bund Deutscher Innenarchitekten (BDIA).

EINHEIT 30

DER SCHRITT IN DIE SELBSTÄNDIGKEIT

ZIELE
- Entwicklung einer Geschäftsstrategie
- Abwägen der Vor-/Nachteile
- Schaffung einer soliden Basis an Fertigkeiten

Sie können als freiberuflicher Designer für private Auftraggeber oder Unternehmen arbeiten. Als Ihr eigener Chef schultern Sie die damit verbundene Last – Sie müssen organisiert, effizient und bereit sein, die Verantwortung sowohl für finanzielle Erfolge als auch für Misserfolge zu tragen. Diese Einheit zeigt Vor- und Nachteile der Selbständigkeit auf und informiert Sie über die praktischen Fähigkeiten, die Sie für Ihren beruflichen Erfolg brauchen.

KOMMUNIKATION ↑
Achten Sie auf gute Kommunikation mit allen – vom Bankdirektor bis zum Kunden.

BERUFSERFAHRUNG

Die Gründung eines eigenen Büros setzt voraus, dass Sie Vertrauen haben – nicht nur in Ihre Qualitäten als Designer, sondern auch in den Erfolg Ihres künftigen Unternehmens. Wertvolle Erfahrungen vor dem Schritt in die Selbständigkeit gewinnen Sie im Zuge einer Anstellung. Durch die Tätigkeit in verschiedensten Unternehmen vom kleinen Architekturbüro bis hin zum Branchenriesen erhalten Sie eine Vorstellung davon, wie Sie Ihr eigenes Büro führen wollen. Auch wenn Ihnen schon bald Aufträge angeboten werden, lernen Sie nur in einem Unternehmen alle Aspekte dieses Berufs kennen.

KUNDENAKQUISITION

Ein gutes Portfolio überzeugt den Kunden, doch zunächst müssen Sie Ihren Kunden finden. Informieren Sie alle Freunde und Bekannten über Ihre neue Tätigkeit als Designer. Kundenkontakte können sich ganz unerwartet ergeben und Mundpropaganda ist ein effektives Instrument.

Nutzen Sie Lieferanten und Ausstellungsräume für Ihre Werbung. Hinterlassen Sie Ihre Visitenkarte und Flyer in den einschlägigen Geschäften, tragen Sie sich im Telefonbuch ein, schalten Sie Anzeigen in Fachzeitschriften und stellen Sie sich in der Branche vor. Stellenvermittlungen und Berufsverbände sind ebenfalls gute Quellen für neue Aufträge und unterstützen Sie dabei, sich auf dem Markt zu etablieren.

FIRMENIDENTITÄT

Ein gutes Designbüro kommuniziert eine klare Identität und gewinnt Kunden über seine Designsprache, von der sich die Auftraggeber angesprochen fühlen. Wenn Sie von Natur aus zupackend sind, streichen Sie dies heraus.

So machen Sie sich schneller einen Namen. Potenzielle Kunden wissen diese Eigenschaft zu schätzen und wenden sich vertrauensvoll an Sie. Wenn Sie Wert auf abwechslungsreiche Projekte legen, nutzen Sie diese Vielseitigkeit für Ihre Kundenakquise. Gehen Sie positiv an die Aufgaben Ihrer Designprojekte heran, da jeder Auftrag neue Möglichkeiten bietet, aber legen Sie sich eine Strategie für Ihre Arbeit zurecht. Mit jedem Projekt können Sie Ihre Erfahrung erweitern, doch Sie werden auch feststellen, dass einige Aufträge Sie nicht inspirieren. Nehmen Sie auf Dauer Abstand von derartigen Projekten. Vermeiden Sie Engagements, die Ihren Designfähigkeiten und Zielsetzungen nicht entsprechen, da diese Sie in eine berufliche Sackgasse führen.

ERFORDERLICHE QUALIFIKATION

Ein selbständiger Designer muss die Anforderungen des Kunden interpretieren und umsetzen können. Kein Projekt gleicht dem anderen, jeder Kunde ist eine individuelle Persönlichkeit. Der Erfolg eines Designprojekts hängt zu einem großen Teil vom Verhältnis zwischen Ihnen und Ihrem Kunden ab. Sie müssen also in der Lage sein, die Wünsche des Kunden herauszuhören und zu kommunizieren, wie Sie diese zu realisieren gedenken.

Die Design- und Architekturbranche besteht aus vielen Komponenten. Idealerweise sollten Sie als Designer mit einer eigenen Firma gute Kenntnisse in allen Bereichen haben und ein hohes

ZEITMANAGEMENT →
Überfordern Sie sich nicht, setzen Sie sich Termine und versuchen Sie stets, pünktlich zu sein.

Maß an Teamfähigkeit besitzen. Obwohl Sie nicht über das Spezialwissen eines Bauingenieurs verfügen müssen, ist es doch von Vorteil, die technischen Grenzen und Möglichkeiten zu kennen und vermitteln zu können.

Ihr Wissen wächst mit jedem Projekt, aber zögern Sie nicht, den Rat von Experten einzuholen. Ein versierter Contractor wird Ihnen gern fachmännischen Rat erteilen, bei einer schwierigen Kundenfrage machen Sie sich am besten erst sachkundig und reichen Ihre Antwort dann nach.

DAMIT ES FUNKTIONIERT

Der Schritt in die Selbständigkeit ist aufregend und befreiend, doch er bringt nicht nur Glanz und Glorie mit sich. Zur erfolgreichen Arbeit als Designer gehören einige nüchterne Aspekte, insbesondere die Fähigkeit, Kompromisse einzugehen, Mittelwege zu finden und zuweilen auch langweilige Aufgaben zu erledigen.

Gute Allrounder sind in der Designbranche entschieden im Vorteil, doch haben wir alle unsere Stärken und Schwächen. Ergründen Sie die Ihren und nutzen Sie gute Teamarbeit, indem Sie Aufgaben, die Sie nicht selbst erfüllen können, an den Richtigen weitergeben.

IMMER AUF DEM LAUFENDEN ←
Sie sind selbst verantwortlich, also seien Sie gut organisiert. Halten Sie die Papiere, Ihre Ablage, die Abrechnungen und Ihre Korrespondenz auf dem Laufenden. Bleiben Sie in Verbindung mit der Designszene, besuchen sie Messen und Ausstellungen

GLOSSAR

ANGEBOT
Schriftlicher Vorschlag des Designers zu Durchführung und Realisierung des Entwurfs.

ARBEITSMODELL
Aus Leichtmaterialien maßstäblich schnell gefertigtes physisches Modell einer Raumidee.

AXONOMETRIE
Dreidimensionale Modellansicht eines Innenraums, in der die Höhen auf einen Grundriss projiziert werden.

BAUVORSCHRIFTEN
Vorschriften und Normen für die Gebäudekonstruktion unter Berücksichtigung von Gesundheits- und Sicherheitsbestimmungen.

BAUZEICHNUNG
Genormte maßstäbliche Zeichnung, die alle notwendigen Informationen für das Erstellen eines Innenraums oder Gebäudes zeigt.

BELEUCHTUNGSPLAN
Grundriss, in dem die Positionen und Arten von Leuchtmitteln verzeichnet sind.

BEMASSUNG
Vermessung eines Raumes zur Erhebung der für technische Zeichnungen benötigten Daten.

BLICKWINKEL
Ansichtswinkel, innerhalb dessen eine perspektivische Darstellung unverzerrt wahrgenommen werden kann.

BUBBLEDIAGRAMM
Raumdiagramm, das die Beziehungen zwischen Räumen und deren beabsichtigter Funktionen darstellt.

CAD
Computergestützte Konstruktionsprogramme für die Planung, Modellierung und Simulation von Raumideen.

CONTRACTOR/ SUBUNTERNEHMER
Fachleute, die für Designteam und Kunden die Bauleitung und -ausführung vor Ort übernehmen.

DESIGNTEAM
Gruppe qualifizierter Fachleute wie Bau-, Elektro- und Maschinenbauingenieure, Kalkulatoren, Innenarchitekten und Architekten.

EIGENGEWICHT
Gewicht unbeweglicher Werkstoffe und Bauteile.

ENTWURF
Technische und ästhetische Darstellung der Umgestaltung eines Raumes gemäß Auftrag.

ENTWURFSAUFTRAG
Vom Auftraggeber festgelegte Ziele, die die Parameter für das Projekt vorgeben.

ENTWURFSKRITERIEN
Ziele, die der Designer realisieren will.

ENTWURFSPROZESS
Projektphasen, in denen der Designer den Entwurf erarbeitet und vollendet.

ENTWURFSSPRACHE
Konzept, das den Entwurf durchdringt und eine ästhetische Darstellung über Beziehungen zwischen Materialien kommuniziert.

ENTWURFSSTRATEGIE
Systematische Entwurfsarbeit zur Realisierung der zentralen Idee bzw. des Konzepts.

ERGONOMIE
Optimierung der Schnittstelle zwischen Mensch und Raum durch Berücksichtigung der Dimensionen, wobei Funktion und Gesundheit von entscheidender Bedeutung sind.

FALZ
Stufenförmige Aussparung an der Kante oder Oberfläche eines Materials zum Übereinandergreifen verschiedener Werkstoffe.

FASSADE
Vorderansicht oder Stirnseite eines Gebäudes.

FASSADENAUFRISS
Zweidimensionale Zeichnung der Außenfassade eines Objekts oder Gebäudes.

FLUCHTPUNKT
Punkt auf der Horizontlinie einer perspektivischen Zeichnung, in dem die aus dem Vordergrund in die Bildtiefe führenden Geraden zusammenlaufen.

FREIHÄNDIG
Von Hand und ohne technische Hilfsmittel gezeichnet.

HOHLRAUM
Von Masse umschlossener leerer Raum bzw. Zwischenraum; dient der Darstellung von Bauteilrändern oder -profilen.

HVAC-SYSTEM
Heizungs-, Lüftungs- und Klimaanlagen.

IDEENTAFEL
Zweidimensionale visuelle Darstellung einer oder mehrerer Ideen, die in der Anfangsphase des Projekts für den Kunden konzipiert wird.

INNENARCHITEKT/IN
Qualifizierte Fachkraft, die Räume entsprechend den Wünschen der Nutzer gestaltet, indem entweder bereits vorhandenes Material verändert oder ein völlig neues Design entworfen wird. Innenarchitekten realisieren Projekte in der Regel im Team.

INNENARCHITEKTUR
Räumliche und strukturelle Gestaltung von Innenräumen.

INNENDEKORATION
Renovierung und Gestaltung von Innenräumen.

KONVENTIONEN FÜR ZEICHNUNGEN
Visuelle Sprache zur Kommunikation und Darstellung von Raum in zwei- und dreidimensionalen Zeichnungen.

LINIENSTÄRKE
Bauzeichnerische Norm bei zweidimensionalen Zeichnungen zur Darstellung von Tiefe und Werkstoffeigenschaften.

MASSE
Architektonisches Element zur Darstellung der geometrischen Polarität.

MASSLINIEN
Linien zur Angabe von Maßen in technischen Zeichnungen oder Aufmaßzeichnungen.

MASSSTAB
Angabe des Größenverhältnisses (verkleinert, vergrößert, originalgetreu) eines Modells oder gezeichneten Gegenstands zur Realität.

MINIATURGEBÄUDE
Gebäude oder Form in kleinem Maßstab.

MINIMALISTISCHES DESIGN
Reduktion des Designs auf das Wesentliche: Schlichte, klare und funktionale Formen.

MUSTERTAFEL
Visuelle Präsentation der im Entwurf verwendeten Materialien: Darstellung von Möbeln, Installationsobjekten und Oberflächen.

NACHHALTIGKEIT
Verwendung von umweltfreundlichen Materialien, die das ökologische Gleichgewicht wahren und aus erneuerbaren Quellen stammen.

NEUAPPROPRIATION
Im Design der kulturelle Prozess, bei dem ein Objekt oder Artefakt transformiert wird, indem aus dem alten Narrativ eine neue Bedeutung oder ein neuer Zweck entsteht. Oft ist das ein kultureller Kommentar zum Änderungsbedarf, der eine Spannung zwischen dem alten und dem neuen Diskurs offenlegt.

NUTZLAST
Gewicht von Personen und Möbeln; Elemente, die veränderlich oder beweglich auf den Entwurf einwirken und daher bei der Konstruktion des Gebäudes zu berücksichtigen sind.

ÖKOLOGISCHES DESIGN
Nachhaltiges Design unter Einsatz von Recyclingmaterialien, Niedrigtechnologie und erneuerbaren Energien wie Sonnen- oder Windenergie.

ORTHOGONALE DARSTELLUNG
Zweidimensionale Ansichten in Form von Plänen, Schnitten und Aufrissen, die Maßstab und Proportion der Dimensionen konsistent darstellen.

PERSPEKTIVE
Dreidimensionale Darstellung der räumlichen Beziehungen eines Objekts, Innenraums oder Gebäudes auf einer Ebene, wie sie dem menschlichen Auge erscheinen.

PLANUNG
Prozess der Ausarbeitung, Koordinierung und Gestaltung eines Raumes.

PORTFOLIO
Mappe mit umfangreichem Material, die Projekte, persönliche Fähigkeiten und professionelle Designfertigkeiten veranschaulicht.

PRÄSENTATIONSMODELL
Modell, das mit realistischen Materialien und Oberflächen die Atmosphäre eines vollendeten Entwurfs kommuniziert.

PROPORTIONALSYSTEM
Harmonie begründendes System, das auf dem Verhältnis zwischen Maßen oder Proportionen beruht.

RÄUMLICH
Architektonische Erfahrung von Raum.

RAUMAUSSTATTER
Qualifizierte Fachkraft, die Räume entsprechend der intendierten Funktion neu gestaltet: Auswahl und Beschaffung von Möbeln, Bezügen und Vorhängen, Konzeption von Farbgestaltung, Beleuchtung und Einrichtung.

RECYCLING
Wiederverwertung von Materialien zur Verringerung von Energieverbrauch und Müll.

SCHABLONE
Stützvorrichtung, die Modellteile beim Kleben in der korrekten Position fixiert.

SCHNITTDARSTELLUNG
Zweidimensionale Ansicht eines vertikal der Länge oder Höhe nach aufgeschnittenen Gebäudes.

SCHNITTPUNKTE
Punkte, an denen in einem Plan die Schnittlinie für die Schnittdarstellung eines Innenraums verläuft.

SPINNENDIAGRAMM
Diagramm zur Visualisierung von Ideen und Alternativen beim Brainstorming.

TECHNISCHE ZEICHNUNG
Genormte maßstäbliche Darstellung eines Objekts oder Gebäudes mit technischen Zeichenmitteln.

TRAGEND
Architektonische Komponenten, die Lasten von anderen Bauteilen aufnehmen und weiterleiten.

TRENNWAND
Struktur zur Teilung eines Raumes.

TREPPENWANGEN
Seitliche Treppenstützen für die Begrenzung und Konstruktion einer Treppe.

VERHÄLTNIS VON FESTIGKEIT ZU GEWICHT
Beziehung zwischen Gewicht und Festigkeit eines Werkstoffs.

QUELLEN

BERUFSVERBÄNDE DESIGN UND INNENARCHITEKTUR

American Society of Interior Designers (ASID)

Die ASID ist einer der zwei wichtigsten Berufsverbände in den USA, ihr Pendant ist die International Interior Design Association (s.u.). Die 38 000 Mitglieder der ASID verpflichten sich zur Förderung der Innenarchitektur durch Ausbildung, Vertretung und Kontaktpflege.

1152 15th Street NW, Suite 910,
Washington, DC, 20005, USA
www.asid.org

British Institute of Interior Design (BIID)

2002 von der Interior Decorators and Designers Association (IDDA) und der International Interior Design Association (IIDA, Landesverband Vereinigtes Königreich) gegründet, führt dieser Berufsverband die Arbeit der Gründerorganisationen fort. Das Angebot umfasst Kursinformationen, Links für Mitglieder und Studentenmitgliedschaften.

9 Bonhill Street,
London EC2A 4PE, UK
www.biid.org.uk

British Interior Textiles Association (BITA)

Dieser Verband vertritt und fördert die Inneneinrichtungs und Textilindustrie im Vereinigten Königreich. Die Website bietet ein gutes Onlineverzeichnis von Produkten und Herstellern einschließlich eines Trendguides.

Unit 21, Walker Avenue, Wolverton Mill, Milton Keynes MK12 5TW, UK
www.interiortextiles.co.uk

Bund Deutscher Innenarchitekten bdia

Der bdia fördert den Berufsstand und die Berufsausübung der InnenarchitektInnen in Deutschland. Er setzt er sich als Berufsvertretung seiner Mitglieder für deren Belange in der Öffentlichkeit und gegenüber Wirtschaft und Politik ein.

Bundesgeschäftsstelle
Wilhelmine-Gemberg-Weg 6,
Aufgang G
10179 Berlin
https://bdia.de

The Chartered Society of Designers (CSD)

Die CSD ist der weltweit größte konzessionierte Verband und vertritt als einzige Organisation Designer, Innenarchitekten und Architekten aller Disziplinen. Da die CSD ein durch Verleihung der britischen Krone entstandener Verband ist, sind seine Mitglieder in ihrer Arbeit höchsten professionellen Standards verpflichtet. Der Verband hat es sich zur Aufgabe gemacht, Standards und Verfahrensweisen in der Berufsausübung zu gewährleisten und zu fördern, und nimmt im Interesse von Öffentlichkeit und Industrie Regulierungs und Kontrollaufgaben wahr.

1 Cedar Court, Royal Oak Yard,
Bermondsey, London SE1 3GA, UK
www.csd.org.uk

Designers4Designers

Diese umfangreiche, interessante Plattform mit Linksammlung für die Design und Architekturbranche informiert über Veranstaltungen, bietet eine Datenbank und eine Jobbörse für Innenarchitekten, Möbel und Produktdesigner.

Exchange at Somerset House,
South Wing, Strand, London,
WC2R 1LA, UK
www.designers4designers.co.uk

ECIA – European Council of Interior Architects

Repräsentiert und kommuniziert die Tätigleiten von europäischen Berufsverbänden für Innenarchitekten und Designer.

Willebroekkaai 37
1000 Brussel, Belgium
info@ecia.net

The International Interior Design Association (IIDA)

Als Organisation zur Förderung von Networking und Bildung mit über 15 000 Mitgliedern in neun Regionen und 30 Landesverbänden weltweit, hat sich die IIDA der Verbesserung des Lebens-standards durch exzellentes Design und der Förderung von Design durch Wissen verschrieben.

111 E. Wacker Drive, Suite 222,
Chicago, IL, 60601, USA
www.iida.org

BIBLIOGRAFIE

Adler, David
**Metric Handbook,
Planning and Design Data**
(2nd Edition) Architectural Press
(1999)

Adler, David, and Tutt,
Patricia, eds.
**New Metric Handbook:
Planning and Design Data**
Architectural Press (1992)

Ashcroft, Roland
**Construction for Interior
Designers**
Longman, Art and Design (1992)

Baden-Powell, Charlotte
Architect's Pocket Book
Architectural Press (2001)

**CAD Principles for Architectural
Design: Analytic Approaches to
Computational Representation of
Architectural Form**
Architectural Press (2001)

Ching, Francis
Architectural Graphics
Van Nostrand Reinhold

Ching, Francis
Design Drawing
Van Nostrand Reinhold (1998)

Ching, Francis
Interior Design Illustrated
Van Nostrand Reinhold (2000)

Gaventa, Sarah
Concrete Design
Mitchell Beazley (2001)

Georman, Jean
**Detailing Light: Integrated Lighting Solutions for Residential and
Contract Design**
Whitney Library of Design (1995)

Hohauser, Sanford
Architectural and Interior Models
(2nd Edition), Van Nostrand Reinhold (1982)

Itten, Johannes
**The Art of Color: The Subjective
Experience and Objective Rationale of Color**
Van Norstrand Reinhold (1961)

Jiricna, Eva
Staircases
Laurence King Publishing (2001)

Kilmer and Kilmer
Designing Interiors
Wadsworth Publishing (1994)

Martin, Cat
The Surface Texture Book
Gardners Books (2005)

McGowan, Maryrose and Kruse,
Kelsey
Interior Graphic Standards
John Wiley (2004)

Neufert, Ernst and
Neufert, Peter
Architect's Data (3rd Edition)
Blackwell Science (2000)

Nijsse, Rob
**Glass in Structures: Elements,
Concepts, Designs**
Birkhauser (2003)

Reekie, Fraser, revised by
Tony McCarthy
Reekie's Architectural Drawing
Architectural Press (1995)
Szalapaj, Peter

Trudeau, N.
**Professional Modelmaking: A
Handbook of Techniques and
Materials for Architects and Designers**
Whitney Library of Design (1995)

van Onna, Edwin
Material World: Innovative Structures and Finishes for Interiors
Birkhauser (2003)

Yee, R.
**Architectural Drawing: A Visual
Compendium of Types and
Methods**
Wiley (2004)

REGISTER

Für Bilge und Timur, mit all meiner Liebe

DANKSAGUNG

Die Autorin und der Verlag danken den folgenden Studentinnen und Studenten des Chelsea College of Art und Design für ihre Beiträge:

Annabel Adams, Pietro Asti, Jean Baptiste, Leo Bartlett, Konstance Bindig, Ola Bola, Oliver Brown, Nikki Bruunmeyer, Toby Burgess, Annabelle Campbell, Ruth Canning, Pauline Coatalem, Michel Colago, Lisa Cooper, Will Davidson, Charlotte Dewar, Mikaela Dyhlen, Bo Fentum, Niti Gourisaria, Ussmaa Gulsar, Chisato Haruyama, Tiffany Hogg, Tamsin Hurst, Caroline Howard, Go Immamura, Jacinda Jones, Laura Karam, Nicola Lichfield, Melinda Limnavong, Qianyi Lin, Loucas Louca, Mengxi Ma, Karen Malacarne, Laura Matthews, Glenn Mccance, Amy Morgan, Lisa Moss, Annika Nordblom, Marta Orozco Padilla, Hayley Perriment, Cinzia Rinaudo, Elena Rubino, Mayumi Saigan, Abigail Szeto, Hiroko Tanaka, Dina Tolino, Ewelina Wagner, Jood Yaghmour, Dongzi Yang

BILDMATERIAL (FALLBEISPIELE)
Katie Jackson, Jackson Ingham Architects; John Fieldhouse, Brooke Fieldhouse Associates und Duncan McNeill Imaging; Chris Procter und Fernando Rihl, Procter-Rihl Architects und Marcelo Nunes und Sue Barr, Fotografen; Rachel und Jonathan Forster, Forster Inc.

MODELLBAU
George Rome Innes, Nick Grace

PERSPEKTIVEN
Janey Sharratt

BELEUCHTUNG
Jayne Fisher; Jeremy Fielding, Atrium Ltd; Janey Sharratt.

CAD
Anthony Parsons, Chris Procter und Fernando Rihl, Robert Bell, Sally Wilson

BERUFSPPRAXIS
Rachel und Jonathan Forster, Lyndall Fernie und Stuart Knock, Chris Procter und Fernando Rihl

Quarto möchte folgenden Agenturen und Fotografen danken, die Bilder für dieses Buch geliefert haben:

Schlüssel: o. = oben, u. = unten, l. = links, r. = rechts, M. = Mitte

97 l.: Slim und Doppio by Sattler, Atrium Ltd; 96: Infra Structure by Van Duysen, Atrium Ltd; 97 r.: Flos Architectural by Van Duysen, Atrium Ltd; 122, 129: Martin Barrund/Caiaimage/Getty Images; 89: Jackson Ingham Architects; 109 u. M.: Bilder verwendet mit der Genehmigung von Pantone LLC PANTONE®, andere Pantone-Handelsmarken und Bilder gehörenPantone LLC und werden mit deren Genehmigung verwendet. Die PANTONE-Farbkennzeichnung dient allein künstlerischen Zwecken und nicht der Farbspezifikation. Alle Rechte vorbehalten. Portions © Pantone LLC, 2018; 82, 85, 87, 88, 90, 91, 93, 101, 104, 105, 133: Procter-Rihl Architects; 6, 84, 120, 121 u. l. & u. r.: Sue Barr, Procter-Rihl Architects; 66, 67, 86 o. r., 119 o. M., 121 o. l.: Marcelo Nunes, Procter-Rihl Architects; 100: Esbeauda/Shutterstock.